国家自然科学基金项目"金钱概念对自我提升产品偏好的
（71602027）、"运气概念对多样化寻求行为的影
（71962001）和江西省软科学资源与环境战略研究中心项目
致性视角下的流域生态补偿意愿研究"（17RJC01）资助出版

金钱概念与
消费决策

赵建彬　陶建蓉　著

WUHAN UNIVERSITY PRESS
武汉大学出版社

图书在版编目(CIP)数据

金钱概念与消费决策/赵建彬,陶建蓉著.—武汉:武汉大学出版社,2023.9
ISBN 978-7-307-23176-4

Ⅰ.金… Ⅱ.①赵… ②陶… Ⅲ.消费者行为论—研究
Ⅳ.F713.55

中国版本图书馆 CIP 数据核字(2022)第 133098 号

责任编辑:陈 帆   责任校对:李孟潇   版式设计:马 佳

出版发行:**武汉大学出版社** (430072 武昌 珞珈山)
  (电子邮箱:cbs22@whu.edu.cn 网址:www.wdp.com.cn)
印刷:武汉邮科印务有限公司
开本:720×1000 1/16 印张:10 字数:148 千字 插页:1
版次:2023 年 9 月第 1 版   2023 年 9 月第 1 次印刷
ISBN 978-7-307-23176-4   定价:52.00 元

前　　言

　　作为交换工具，金钱有效地把人们结合在一起，方便同一群体内和横跨世界各个角落的人们进行互惠互利的交换。几乎所有人的生活故事中，金钱都是一个非常重要的话题。我们每天都要和金钱打交道，一天好几次。我们为了不同的原因，以不同的方式在无数不同的商品和服务上花钱。我们也经常发现自己是金钱交易的接收方，比如我们工作时收到工资。此外，金钱也是人们交谈的一个重要话题，它是各种争论和冲突的根源，也是音乐家和其他艺术家灵感的来源。

　　当想到人类的进化历程，金钱是一个相对现代的人类发明，尽管如此，金钱无处不在以及金钱在人们生活中存在的深远意义对人类社会产生了深刻的影响。长期以来，人们一直在争论金钱对人类行为的影响，也许金钱与其他任何非生物刺激相比较，它是一种对人类行为更有效的刺激，使之成为经济增长的强大引擎。金钱的心理科学是一个蓬勃发展的研究领域，最近受到了越来越多的关注，它证明了这样一个问题：金钱是如何影响人们的思想和行为的？

　　毫无疑问，金钱在消费者购买决策中扮演着非常重要的角色。金钱概念是学者们为研究金钱刺激对个体行为决策的影响而提出的一种研究方法。通过金钱启动技术来激活个体关于金钱的想法，即可以通过给予个体关于金钱的提示或暗示来提高金钱观念在个体低意识水平下的可达性，以此来探讨个体的行为决策变化。

　　基于此，本书围绕金钱概念与消费者行为决策的关系这一主题，根据解释水平理论、冲动理论、资源模型理论、怀旧理论、创造力模型等，使用实验方法，研究金钱概念对消费者行为决策的影响作用。

本书具体研究内容可以分为两大板块：

第一板块内容是回顾金钱相关的研究成果，主要是在本书第 1～3 章，具体为金钱的本质和历史发展、金钱心理与消费者的社会行为、金钱概念与消费选择。

第二板块内容为金钱概念与消费选择的实验研究，主要研究金钱概念在消费者独特性需求、新产品选择、冲动购买、偏好选择和自我提升偏好等领域的影响作用。

最终，本书得出以下结论：

（1）金钱概念会改变消费者的社交距离而影响其独立性需求，不过，当启动很少的金钱或小面额钞票时，消费者联想到的是成本、支出或是金钱的缺失，消费者的独特性需求没有明显提高，与启动大面额金钱的消费者进行比较会有更多的非创新性选择。

（2）金钱概念对消费者创造力有促进作用。启动金钱概念可以有效地提高个体解决问题时的流畅性、原创性、认知灵活性，更愿意接受企业推出的新产品。主要机制是启动金钱概念的消费者会产生积极的创新自我效能，进而在解决问题时有更好的创造力。

（3）金钱概念对消费者冲动购买意愿的影响，启动金钱概念的消费者的冲动购买意愿强烈。另外，金钱概念可以分为金钱富足概念和金钱缺乏概念，启动的金钱含义和产品信息特征会调节金钱概念对冲动购买的影响，购买产品的宣传信息呈现低解释水平特征的时候，联想到金钱富裕的消费者的冲动购买意愿显著降低；产品信息特征为高解释水平特征时，联想到金钱富裕的消费者的冲动购买意愿与金钱缺乏组无显著差异。

（4）金钱概念对消费者怀旧偏好的影响。不论是短期处于金钱缺乏概念的消费者，还是长期处于金钱缺乏概念的消费者，都更加偏好怀旧消费，其中，控制感在金钱概念对怀旧偏好的影响中起中介作用。

（5）金钱概念正向影响消费者的自我提升产品偏好。启动金钱概念可以诱发成就动机，进而影响消费者对自我提升产品的偏好，不过金钱概念对自我提升产品偏好的影响只局限在购买目标为自己的情况，在为他人购买时，金钱概念对自我提升产品偏好的影响不显著。

目　　录

1 金钱的起源与本质

长期以来，金钱(货币)一直是人类感兴趣的话题。从巨大的叶莱石到用于全球贸易传播的牛肝菌，再到没有实物货币流通的地方，以及用黏土、绳子和纸创造出精心制作的交易档案，这些记录历史的档案中充满了各种货币物品，例如，贝壳、珠子、羽毛、豆子和谷物、纺织品、泥板、金属制品(铁丝、刀片、斧头、棒子、戒指和手镯)、牲畜等，当然还包括硬币、纸和塑料。人类学家和考古学家对货币的记录，表明货币有不同的功能以及用途。这些功能、用途超出了现代经济学教科书赋予货币的典型功能，例如，交换媒介、价值储存、记账单位或价值标准以及支付方法(Hogendorn & Johnson，1986)。

学者们对不同国家出现过的货币产生了广泛兴趣，特别是关于东方古老文明的货币，这些货币已经使用了数百甚至上千年(Quiggin，1949)。例如，我国是世界上最早使用金钱货币的国家之一，使用金钱的历史长达五千年之久。我国古代金钱货币在形成和发展的过程中，先后经历了五次极为重大的演变：①自然货币向人工货币的演变；②由杂乱形状向统一形状的演变；③由地方铸币向中央铸币的演变；④由文书向通宝、元宝的演变；⑤由金属货币向纸币的演变。我国从春秋时期进入金属铸币阶段，到战国时期已确立布币、刀货、蚁鼻钱、环钱四大货币体系。以后又经历了秦、汉、魏晋南北朝、隋、唐，直到 1948 年 12 月 1 日，中国人民银行成立并发行第一套人民币。

最早金钱货币的研究是假定货币及其功能发展是一种单线进化轨迹。特定的货币对象与特定民族、特定文化环境相联系。牛肝菌为货币人类学提供了一个重要案例。在 19 世纪，牛肝菌在一些殖民管辖区被用于支付税款，即使殖民官员试图将牛肝菌非货币化，但是持续的进口导致了恶性通货膨胀，当地人拒绝使用政府货币（Gregory，1996）。即使在今天，牛肝菌的货币历史也有重要影响。例如，加纳的货币被命名为"塞迪"，这是阿肯语中牛肝菌的意思（Dzokoto et al.，2010；Dzokoto et al.，2011）；在西非一些地方，人们仍然使用牛肝菌来进行仪式、供奉和施舍（Saul，2004）。

一些早期的人种学汇编记录了使用各种媒介进行交换和支付的情况，但是，某些物品在交易中的使用情况远远超出了文化差异或功能的假设界限，金钱货币的发展呈现出内部多样性以及时间动态性。例如，使用贝壳等贵重物品作为货币与他人交换商品（Guyer，2011）。这些贝壳主要采自印度洋水域，从我国到非洲都是一种主要的支付方式，早在 11 世纪就通过印度洋、地中海的商业网络和跨大西洋的奴隶贸易进行跨国流通。数以亿计的贝壳被进口到亚洲、非洲和欧洲，并在复杂的交换模式中与各种当地的货币一起使用，包括殖民地货币（Hogendorn & Johnson，1986）。

因此，关于货币研究——它的形式、功能、意义和用途，现在承担着这样的多样性和复杂性。本章主要分析金钱货币的起源、基本特性、形式和本质等。

1.1 金钱货币的起源

史学大师钱穆①谈中国古代经济的时候，曾经专门拿出一节的内容来谈古代的货币，强调货币对于中国古代社会的重要性，特别是在城乡联络、农商交流等方面有着重要的促进作用，它推动了古代社会经济的发展。中国早期的货币是黄金与钱币，一直盛行到清代。其实黄金作为货币

---

① 钱穆（1895.7.30—1990.8.30），字宾四，笔名公沙、梁隐、与忘、孤云，晚号素书老人、七房桥人，斋号素书堂、素书楼。江苏无锡人，吴越太祖武肃王钱镠之后。中国近现代历史学家、思想家、教育家，国学大师。中央研究院院士，故宫博物院特聘研究员。

在市场上流通并不多见，按照经济学家千家驹①的看法，现在统称的古代货币其实就只有两种，《周礼》之中提到过九贡，其中的货贡指珠贝，币贡指皮帛，而这两类物件在不同时期都曾作为货币流行过。从货的古老写法来看，应该是"貨"，是化和贝的组合，而"贝"在很多国家的古老文明中曾被认为是早期货币的始祖，说明这一造字还是比较形象的。《说文解字》也说："貨者，化也，变化反易之物。"无论是中国古人的造字，还是后人的演绎，或多或少都暗示了一个普遍的认知，那就是货币起源于交换，这与经济学鼻祖亚当·斯密的见解不无类似，他似乎认为货币是以物易物的一种简化，尤其是金、银等贵金属，"假如居民用以交易的物品，不是牲畜，而是金属，他们的问题就容易解决了，他们可只按照他目前的需要，分割相当分量的金属，来购买价值相当的物品"。

中国关于交换的记载很早，可以追溯到神农氏时期，《周易》记载："日中为市，致天下之民，聚天下之货，交易而退，各得其所。"不过，也有学者认为，古代货币交换，到底是我们现在理解的交换，还是一种馈赠呢？货币在其中起多少作用？在经济学研究的理论中，他们把货币的功能分为三种，分别为交易媒介、价值尺度和价值储藏手段。不过从历史来看，不少人类学证据揭示货币是一种近乎礼物的馈赠，剑桥大学人类学家教授卡罗琳·汉弗莱（Caroline Humphrey）的结论就是，"从来没有人描述过纯粹的以物易物经济的例子，更不用说货币从中诞生的过程；所有可得的人种学的研究都表明，从来没有存在过这样的经济模式"。美国人类学家大卫·格雷伯②认同上述结论，他试图重新定义货币以及债务的本质，认为经济学关于交换源于自利的论点是幻想故事。

从人类学的角度，大卫·格雷伯的视野显得更为开阔，显然其受到法

① 千家驹（1909—2002），中国经济学家。浙江武义人。笔名钱磊。1932年毕业于北京大学经济系。曾任北京大学讲师，广西大学教授，《中国农村》《经济通讯》主编，香港达德学院教授，北京交通大学教授。

② 大卫·格雷伯（1961.2.12—2020.9.2），人类学家，伦敦政治经济学院的人类学教授。

国人类学家马塞尔·莫斯①对于原始交换与馈赠研究的影响。这种研究的价值何在？那就是拓展了货币起源的另一种解释，以往经济学的狭隘定义显得想象力不足。

实际上，在这种人类学对货币起源和发展的解释中，人们并不易货，而是互相馈赠，有时是以进贡的形式，有时是回赠的形式，有时则是纯粹的礼物。在熟人环境中，互相馈赠的媒介是信用，货币正是在这种馈赠活动中诞生，其本质进一步也可以归结为欠条。换言之，货币可以视为一种信用合约安排。

从历史发展的纵向维度看，社会交换的主要方式从古典人情社会(或礼俗社会)的礼物逻辑过渡为现代契约社会(或法理社会)的货币逻辑。从某一时刻的社会横向切面看，礼物逻辑与货币逻辑在社会交换中总是相互交错，并非界限分明，却代表着两种对比鲜明的交往方式。礼物产生于世界的本初原型中，产生于生命的肇始之时，产生于人类种群的起步阶段。从原始部落的按需分配到现代社区的邻里关系，礼物交往逻辑绵延其中。礼物交换通常属于小群体经济，如大型家庭小村庄关系密切的社区兄弟之间和部落。例如，中午临时发现缺个鸡蛋，你敲开对面邻居家的门，既不会手持钞票去买，又不会用一个苹果来换，而是向对方借，当然你不会再还他一个鸡蛋，但是在以后的日子里会用其他方式加以补偿，也许今后你会将吃不完的时鲜水果送给邻居，这就是最简单常见的礼物逻辑，更符合礼物的概念。

食物是生命的源泉，生活的必需。和其他物品相比，人们更乐于或更需要与人分享食物。对于树皮布与珠串，人们更愿意把它们当作等价交换的礼物。因而，食物分享很可能是礼物的起源。人类学家通过考察现在仍存在的原始部落，还原人类社会早期的交往情境，在特罗布里恩群岛②各

---

①　马塞尔·莫斯(1872.5.10—1950.2.10)，法国人类学家、社会学家、民族学家。

②　特罗布里恩群岛是西太平洋新几内亚岛东南所罗门海小岛群。由基里威纳岛等8个小珊瑚岛组成。陆地面积共约440平方公里，是巴布亚新几内亚的属岛。人口1.7万(1980)。居民以从事农业和渔业为主，并多擅长木雕刻手工艺。行政中心为洛苏亚，位于基里威纳岛西岸。

部落间的礼物交换仪式上，虽然礼物是贝壳、项链和臂环，但送礼者需要将礼物扔在地上，并喊道："这儿有些食物，我们吃不了。"在原始部落的礼物传递过程中，收礼者必须将礼物再送出去，如果想留下礼物，就必须送出同等价值的东西，否则会受到礼物之灵的诅咒。例如，毛利人①相信礼物是他的主人生命的一部分，收礼者通过送出一件礼物以避免礼物之灵的侵袭，而且，收礼者送出的礼物并不是给送礼者，而是在一段时间之后送给他认为需要礼物的人。礼物在传递的圈子里向一无所有、时间最久的那个人传递，如果圈外的人更需要这份礼物，礼物就会离开原来的传递路径向圈外的人传递，这样礼物循环会一直持续进行，礼物的圈子会越来越大，涵盖整个部落，甚至更远礼物的不断流通是礼赠精神的核心原则。如果有需要，就可以使用它；如果不需要，就将其传递出去。岛上居民因其慷慨而变得贫穷，有的群体可能会因此变得富有。不过，岛上居民不会认为贫穷是个人的问题，整个部落都会对个人的贫穷感同身受，群体的财富会毫无争论地流向贫穷的人，就如同水会流向并填满低洼处一样。因而，礼物总是流向各个部落中最需要它的那个人。

礼物交换中有许多禁忌，大部分与理性计算和精确量化的货币逻辑相关，通常，当某人在库拉活动②中行为不当、决定轻率或不合礼节时，他们就会批评他把库拉弄得像易货贸易一样。在礼物传递过程中，收礼者不可以计算礼物的价值，也不能讨价还价。礼物的价值是否等同由送礼者自己决定，众人可以议论，但不得干预礼物传递。在这里，人与人之间是平等的关系，人们拒绝讨论借贷状况，甚至拒绝接受别人因亏欠而表达的感谢。一个爱斯基摩猎人这样说：我们相互帮助，我们不愿意听到别人因受

---

① 毛利人（Māori），是新西兰的原住民和少数民族，属于南岛语族—波利尼西亚人。

② 特罗布里恩群岛的小岛链上，库拉是一种复杂的礼物交换和贸易网络系统。库拉对这些偏远地区的延续起着无可替代的作用，它将小岛相互联系起来形成一个大圈，这个圈就叫作"库拉圈"。库拉的货币是用贝壳制成的精致臂镯和项链，它被人们用在不同的岛屿之间进行相互交换。

到帮助而表示感谢。在这里，我们认为礼物带来奴隶。人们通过给予表现自身存在的价值，获得其在社会中的声望和地位。岛上居民的社会地位来自慷慨，慷慨触发了感激和义务。如果他们要成为部落社群领主或国王，就必须主持奢靡的盛宴，将丰厚的礼物赠予同僚和属下。因此，岛上领袖如酋长等，往往是部落里最穷的，他们的作用既是管理和分发社会财物，实现物资调配，又维系部落社群持续发展。

已知的货币初始形态中，礼物交换可以成为考察货币起源的一条重要线索。货币与礼物有关，有不少是作为礼物在原始部落中传递的，但是作为礼物起源的货币与寺庙也存在很大的关联。从苏美尔文明①到希腊古典时期②，金银作为寺庙的祭品，供奉于世界各地，因此，货币似乎都是从最适宜供奉给神明的物品中诞生的。这时，寺庙的职能就是通过祭祀仪式向神明进献礼物，神明的精神力量是礼物交换的重要内容。在这里，贝壳、珍珠、项链以及寺庙里的白银等价值载体，既是礼物，又是货币的原始形态（周寂沫，2007；方建国，2020）。

通过以上对传统礼赠和支付形式的观察，我们可以发现，这些形式部分或有条件地存在物品回馈，彼此连续，接着就产生了交换模式，在交换模式中多少存在严格的对等，最终形成了实物的交易。货币起源于礼物，货币逻辑与礼物逻辑多有交叉相通之处。领域间的界线是可以具有渗透性的，礼物增长（是不可以被计量的积极互惠）可以转变为市场增长（是需要被计量的消极互惠），反之，与外邦人交易索取的借贷利息也可以进入圈子的核心，转变成礼物。

其一，与货币借贷一样，还礼是一种强制性的义务。交换和契约总是以礼物的形式达成，表面上这是自愿的，但实质上，送礼和回礼都是义务

---

① 苏美尔文明指的是苏美尔地区以苏美尔语文献为主要标志的文明。古代地名苏美尔，位于今伊拉克东南部幼发拉底河和底格里斯河下游，存在于约公元前 3200 年的乌鲁克Ⅳ到古巴比伦帝国建立（前 18 世纪）之前的这段历史。

② 希腊古典时期是古希腊的一个历史时期，大约为公元前 510 年至公元前 323 年。

性的，而且多数情况下回礼要比所收的礼物多。一些这种强制性的多余回礼似乎就是利息的雏形，甚至在人情社会中就已经出现许多人因为回礼数额过大而陷入经济困境。

其二，无论是收到礼物还是借贷货币，对于得到者而言都是欠下了一笔债：人情债或者财务债，人类存在本身就是一种债务的形式。似乎债是社会交往更为本质的内容，人们通过接受回报和给予等方式，实现物质交换、信息交流和情感表达，而债务，一种亏欠的状态，成为社会交往持续进行的推动力。

其三，货币源于礼物，也经常作为一种礼物而传递，两者之间有时难解难分。货币是作为一种便利礼赠、便利分享、促进慷慨的手段而产生的，至少它带有神明精神。当礼物过于贵重，受礼者则会以货币回礼；当债务人难以还清巨额债务时，则可能获得债务的减免。可见，礼物逻辑的尽头是货币，而货币逻辑的尽头是礼物。

随着货币流通领域的不断扩展，礼物逻辑的作用范围被迫压缩，从先前的部落和村落缩减为现在的亲属家庭，甚至个人的内心，金钱的最初目的只是将人类的礼赠和人类的需求联系起来，使每个人的生活更加丰富。然而，金钱没有导致丰富，却造成了稀缺；金钱没有形成联系，却导致了离析。

1.2　货币的发展阶段

货币是人造的神迹，也是世界的隐形血脉，经济发展的实质在于货币的流转，甚至文明传承也需要与之共舞。人类学的研究越来越多地揭示，最早的经济都与宗教有关，早期市场经济不是自然形成的，是产生于宗教主导下的计划经济之中。例如，历史研究表明：我国最早的市场是宗教的市场，最早的银行是寺庙，最早发行货币的是祭司和祭司王（ priest-king ）。货币是人们财富以及生活水平的象征，但他们对于货币的偏爱，不仅仅是一种有意识的理性行为，其实更是一种原始的驱动以及集体无意识，特别是以黄金、白银等贵金属为代表的货币。人们对货币的偏好即使到了现代社会，虽然非常隐蔽，但依然存在于潜意识里，例如，我们对于金本位或实物货币的非理性狂热。

面对全球化的发展，西方对货币的思考主要体现在两个方面。第一，追溯到亚里士多德①时代，从功能角度看待货币，货币的功能有交换手段、记账单位和价值储存，以及价值标准和支付方法。例如，在人类刚刚学习写字的时候，两河文明②最早创造者苏美尔人就用白银作为记账货币，花粉、香料、麦子也作为货币出现。这种观点倾向于认为，货币通过作为一种可以平衡不同商品价值的共同交换手段，解决了原始易货时代的"需求的双重巧合"问题。特别是由贵金属制成的货币解决了价值储存的问题，因为金银货币不像铁或谷物等易腐烂的商品，而是可以持续几代人（因此，是可以继承的）。中国古人很早就认识到货币对于国计民生的重要意义。《汉书·食货志》云："《洪范》八政，一曰食，二曰货。食谓农殖嘉谷可食之物；货谓布帛可衣，及金刀龟贝所以分财布利通有无者也。二者，生民之本。"而"富民之本，在于食货""厥初生民，食货惟先"等说法在历朝历代文献中也屡见不鲜。这种货币理论被归类为货币的商品理论，具体来说（包括黄金和白银）被归类为货币的金属主义。

关于货币的另一个主要观点是强调社会关系和惯例在货币创造中的作用，其侧重于市场参与者之间的人际信任和信誉，以及国家在武力保证和支持下作为交易结算的信誉和权威（Innes，1913，1914；Knapp，1924；Wray，2004；Graeber，2011）。到了20世纪初，商品货币的支持者受到了

---

①　亚里士多德（Aristotle，公元前384—前322年），古代先哲，古希腊人，世界古代史上伟大的哲学家、科学家和教育家之一，堪称希腊哲学的集大成者。他是柏拉图的学生，亚历山大的老师。

②　两河文明，即美索不达米亚文明（Mesopotamia Civilization），是指在底格里斯河和幼发拉底河两河流域之间的美索不达米亚平原（现今伊拉克境内）所发展出来的文明，是西亚最早形成的文明，主要由苏美尔、阿卡德、巴比伦、亚述等众多文明组成。

国家货币支持者的挑战，其中最引人注目的是约翰·梅纳德·凯恩斯①。然而，随着二战后经济秩序的兴起，古典自由主义和新自由主义经济理论的复苏，以及20世纪末全球市场主导地位凸显，货币理论家倾向于支持商品货币理论。商品货币理论起源于货物贸易，是在金本位制消亡法定货币和中央银行出现之后，强调货币作为交换媒介（理论上）和价值储存（政策上）的功能。

然而，在21世纪初，人们对货币的性质产生了兴趣。例如，想象没有国家货币，而是基于人与人之间的信任和共同的价值观（North，2010），甚至加密代码和分散的数字网络（Maurer et al.，2013）。实际上，关于货币的本质，目前有商品和信用两个基本观点，其他观点都可以嵌入这两个观点之中，如金属说和名目说，货币从来就具有二重属性，只不过在实物货币阶段，货币的信用本性被一般等价物的材质价值抢镜，就像信用货币之后货币的材质价值并不重要一样。货币本质的变迁，与交换经济的演变紧密相关，是社会经济发展的必然结果，一旦货币本身的价值不重要，人们看重交换中信用的时候，商品经济的特质也就彻底暴露出来了。人们在交换中最看重的就是信用，这是商品经济与众不同的特征。人们最初看重货币的商品价值，是由于还未完全进入商品经济状态，还带有物物交换的痕迹和烙印，掩盖了交易行为背后最根本的特质，即人与人之间的信用关系。

因此，按此观点，货币的发展阶段可以分为两类：商品货币和非商品货币阶段。商品货币，是指信用货币以前，充当一般等价物的具有商品属性和具有价值的实物型货币，如早期的直接以具体商品形态出现的货币——牲畜、皮毛等，以及后来的本身不是商品但承载物——币材可以还原为商品的金属货币。

---

① 约翰·梅纳德·凯恩斯（John Maynard Keynes，1883年6月5日—1946年4月21日），英国经济学家，现代经济学最有影响的经济学家之一，他创立的宏观经济学与弗洛伊德创立的精神分析法和爱因斯坦发现的相对论一起，并称为20世纪人类知识界的三大革命。

1. 2. 1　商品货币发展阶段

（1）早期商品交换中的一般等价物——货币商品

早期货币就是在交换中充当一般等价物的实物。为了方便商品交换，有部分商品，如牲畜、布匹、皮革、农具等，便游离出来充当交易的媒介——一般等价物，也就是所谓的货币商品。货币商品的出现是商品交换由物物交换向通过货币媒介进行交换转变迈出的第一步。对于货币的使用来说，早期使用货币商品的阶段是货币发达程度最低的阶段。相应地，以此为基础的商品交换相对来说也是十分落后的。

货币商品充当交换媒介，相对于直接的物物交换，有了较大的变化。它执行了一般等价物的价值尺度和交换媒介的职能，在很大程度上，解决了物物交换中对产品进行比较和交换的商品之间不对称的问题。但是，早期的货币商品只是初步具备了价值尺度和交换媒介职能，还远不能很好地去完成这两种职能，所以也就无法为商品交换提供足够的便利。

在古代，布匹、皮革甚至美貌的少男少女都可以作为良好的货币商品来使用。但这种"良好"只是相对物物交换来说。布匹、皮革一经分割便难复合，即使能复合，其价值也会大打折扣。而美貌和青春更是难以经受时间的打磨。不可随意分割，就无法精细地执行价值尺度职能；不能经受时间的打磨，就无法在一个较长的时间里稳定地执行交换媒介的职能。应该说，早期货币商品虽然具有一定的货币属性，但并不是严格意义上的货币，它的基本性质仍是商品。人们之所以能够广泛地接受其作为交易的媒介，是因为人们广泛地认同它们的使用价值。而正是由于这些商品的使用价值在物质属性上的局限性，才使它们无法很好地去发挥作为货币所应具有的两个基本职能作用。

由于在早期货币商品时代，绝大多数被当作货币使用的商品都具有如上所说的这两种或至少其中一种局限性，所以，早期商品货币时代的交换水平较之物物交换时代虽然有所提高，但是其便利程度仍然非常有限。

（2）货币发展的金属货币阶段

鉴于早期商品货币使用价值的局限性给商品交换带来的种种不便，人们呼唤一种能够克服这些局限性、专门充当货币的商品出现，以满足不断扩大的商品交易活动的需要。在这种情况下，金属便从众多的一般商品中游离出来。

谈论货币，不可不谈金银。作为一名革命理论家，马克思对于货币理论也分外热情，他的名言之一就是"金银天然不是货币，但货币天然是金银"。这句话已经证明金银的自然属性适于担任货币的属性。由金融史可知，人们过去习惯将贵金属铸造成硬币在交易中使用，因此今天的货币名称往往也来自当年的遗迹，也就是这些货币含有多少贵金属的重量，便士、磅、马克甚至中国的银两都曾是重量度量衡单位。

白银非常重要，甚至在宗教与历史中屡屡出现。"恺撒的归恺撒，上帝的归上帝"，这句耶稣的名言众所周知，而出处也与银币有关。根据《圣经·新约》记载，耶稣传道之际，法利赛人想引诱耶稣说错话进而陷害他，就问耶稣："我们纳税给恺撒可以不可以?"这里的恺撒不是那位恺撒大帝，而是罗马皇帝的代称，耶稣看出他们居心不良，就让他们拿出上税的银钱看，等对方拿出一个 denarius(罗马银币，大概是一个工人一天的工资，常作为与税收相关的指代)，上面有恺撒的像。耶稣机智地指着上面的人像问这是谁，对方说是恺撒，耶稣即回答："恺撒的物当归给恺撒，上帝的物当归给上帝。"耶稣结合了现实情景，如此妙答让对方哑口无言。在这个故事中，恺撒所指即代表银币，也代表银币上头像背后的世俗政权，可见银币与王权很早就被联系在一起，难怪英国国家博物馆的管理员曾经如此解释，"白银是一种非常有价值的物质，象征着王权、财富和权力"，直到今天仍有学者断言，"这个全球市场的轮子是用白银的世界性流动来润滑的"。中国古人也曾说，"银，白金也"。黄金白银在古代文献中也每每连用，《尔雅·释器》云："黄金谓之璗，其美者谓之镠。白金谓之银，其美者谓之镣。"银字的形态也可看出端倪，银由金、艮构成，艮意为"边界"，银的本意据说就是"价值仅次于黄金的金属"。白银大概发现于 5000 多年前，历史比黄金短，而其命运往往与黄金纠缠不休。在西方，二者的价值并非一成不变，白银也曾一度贵过黄金。马克思曾经写道："银的开采却以矿山劳动和较高的技术发展为前提。因此，虽然银不那么绝对稀少，但是它最初的价值却相对地大于金的价值。"①随后冶炼进步以及美洲银矿的发现，使得新世纪的白银源源不断地流入欧洲与亚洲，也导致东西方世界的秩序倾覆。值得反复强调的是，即使在号称古典金本位的 17 世纪之后的 200 年中，白银也并没有彻底退出历史舞台与日常交易。在西方黄金对于白银的优势其实是缓慢地、逐步地确立的，最终在 19 世纪尾声得到确认。由此可见，同为贵金属，黄金白银的货币化进程直到 18 世纪才开始逐渐分道扬镳。

相对于其他物品，金属具有特殊的物理性质。它十分坚固，富有弹性，不易损坏，又可以随意分割，被分割的碎块又能较容易地熔为原来的质地。而无论是分割，还是熔合，其价值都没有损失。另外，金属还没有"年龄"的限制，其质地、重量基本上不受时间因素的影响。金属往往可以持续使用几十年，甚至上百年。这种使用价值克服了其他商品不能克服的局限性，能够很好地执行作为货币的价值尺度和交换媒介这两种职能。所以，历史上不同地域、不同国度的人们，虽然在生产、生活方面存在很大的差异，但最终都不约而同地选择了金属作为货币的主要甚至唯一的形式。

当金属成为人类社会的主要货币形式之后，货币的使用或者说发达程度便进入了金属货币阶段。在人类社会经济发展史中，金属货币阶段是一个相当漫长的过程。在这个漫长的历史进程中，金属货币经历了一个从不发达向发达转变的过程。

1.2.2 非商品货币阶段

非商品货币则是指不再以具体的商品或者具有商品属性的物质为依托，而以国家和银行的信用为其存在基础的货币。它的具体表现形式也就

---

① K. 马克思. 政治经济学批判［M］. 柏林敦克尔出版社，1859：6.

是我们今天商业活动中最主要的货币形式——银行存款货币。

金属货币之所以能够执行价值尺度职能是因为它本身具有价值。这种价值的存在是由于金属具有一定的使用价值。这种价值的量是由产生这种金属所耗费的社会必要劳动时间决定的，所以金属货币的本质仍然是商品。既然是商品，金属货币本身就具有作为商品货币的缺陷。这种缺陷主要表现在两个方面。一方面，充当金属货币的金属的数量是相对有限的，其开采的速度也是一定的。而以金属为媒介的商品交换、贸易活动的膨胀和扩张速度却是相对无限的。随着生产的发展，有限的金属货币逐渐地对承担无限膨胀的贸易的交换媒介作用显得力不从心。另一方面，随着新材料的发现和使用，以及随着金属开采冶炼技术的不断提高，金属的使用价值以及生产金属所耗费的社会必要劳动时间不断降低，带来的结果是金属货币本身作为商品的价值不断下降。这样，金属货币作为货币在执行价值尺度职能时所代表的价值量会不断缩小。

因为金属货币具有这两方面的缺陷，随着商品交换活动的日益扩大，在货币方面表现出来的主要问题就是日趋严重的货币短缺，即金属货币的数量已远远不能满足商品交易的需求(关于这一点，从工业革命至 19 世纪中叶的西方货币史可以给予很好的印证)。金属是所有商品中最合适也是最优秀的货币材料。当这种最优秀的货币材料铸就的货币的缺陷暴露无遗的时候，一个变化的需求就是明摆着的，即必须有一种全新的货币来代替金属货币，且这种全新的货币必须与商品相分离，必须是以不受物质属性(或商品属性)约束的形式出现。这种彻底摆脱商品属性的货币能够独立地执行价值尺度和交换媒介职能，其数量又可随着交易需求的变化做出相应的调整，而不受商品属性的制约，因为这种货币本身已不再是商品。

这种货币最终出现了，这就是今天商品贸易中最常用的货币形式——银行转账货币。但是，事物的发展总是循序渐进的，任何新事物的形成都不可能一步到位，不可能一蹴而就。银行转账货币是一种以国家信用为担保的非商品货币(账面货币)。从以金属为载体的商品货币形式向以国家信用为担保的非商品货币(账面货币)转化，中间要经历一个过渡的形式。

13

非商品货币与我们今天的经济生活密切相关。但是在 20 世纪中后期，主要工业国的货币逐渐与贵金属相脱离后，货币才完全进入非商品货币阶段。相对而言，商品货币对我们来说虽已成为历史，但是商品货币相对于非商品货币，一方面发展的历程要漫长得多，从最初的以具体商品形式存在的货币商品一直到贵金属铸币，经历了上千年的发展变化；另一方面，相对于非商品货币，商品货币的表现形式要简单得多，它以直观的具体形象出现，且随时可以还原为一般商品。

1.3 货币的本质

人类学者对货币的研究最为关注的问题就是如何界定货币，特别是如何对非西方民族的所谓原始货币进行分类。关于如何理解这些物质物品的争论，常常是关于如何理解文化差异的争论，而后一种讨论常常涉及对被研究民族思想的假设。

这些辩论的核心是如何定义货币，这个问题在 18 世纪和 19 世纪的新兴人文科学中广泛存在。这一时期，经济和市场关系发生了深刻的变化，特别是跨洋殖民和商业网络的扩张，以及欧美国家(但也包括中国、阿拉伯和印度)的全球社会形态，使越来越多的国家和地区的货币价值计算之间存在关联，货币产生了等级(Wolf, 1982)。

人类学中的货币记录经常被要求对关于货币的起源和性质的争议性主张进行裁决。争论的焦点是，我们是否以及如何能够明确人类文化普遍性的假定——这是人类学的核心问题，因为它既坚持"人类的精神统一性"，又坚持不可比拟的、不可转换的文化差异。

经典人类学的金钱研究反映了这种紧张关系。在 *Argonauts of the Western Pacific* 的最后一章中，马林诺夫斯基(Malinowski, 2002)宣称，在特罗布里安群岛流通的"财富信物"，尽管岛上的贝壳钱和货币都代表"财富"，但这些贝壳类贵重物品的流通"受到各种严格的规则和条例的约束"，如果这种准则不是市场的准则，即贝壳类贵重物品的交换不是以市场交换的逻辑为动机或支配的，它们不属于货币。因此，乌拉是既不被使用，也不被视为货币或金钱。

在任何经济体系中，无论多么原始，只有当一种物品作为明确和共同的交换媒介，作为以一种商品换取另一种商品的等价物时，才能被视为真正的货币。但是货币经济模式，并没有考虑到社会科学范畴的局限性，正统的货币经济理论对其他民族或国家的实践适用是值得怀疑的。对这些人类学家来说，最严格意义上的货币使用意味着一种心理倾向，实际上是一种特殊的心理学，即精打细算的经济人，用马林诺夫斯基（Malinowski，2002）的话说，这应该是人们用钱方法和用钱心理相提并论的一个基本事实：为了自己喜欢的利益不断地付出和索取；通过交换财富，积极享受拥有财富。这种"我们"与"他们"的并列，在货币人类学的历史中时常出现的"现代货币"的经济利润最大化倾向与社会特性和用途的共存。例如，这种区别经常被认为是"商品"和"礼物"交换逻辑之间的区别（Gregory，1982），即人类学家试图使用礼物和商品的二元复杂化关系理解货币的心理特性（Appadurai，1986；Strathern，1988；Thomas，1991）。

1.3.1 货币的信用属性

太平洋上的加罗林群岛中有一个人口为 5000 ~ 6000 人的雅浦岛（Yap）①。岛上没有金属，唯一的资源就是石头，在消费中他们支付石轮———一种当地人叫作"费"（fei）的媒介，其材料是来自离雅浦岛 400 里之外的另外一个岛上的石灰石。岛上的交易结束之后往往不移动笨重的"费"，而让它留在原处，甚至也很少做标记。岛上某家人曾经试图运回一个壮观的、比例和质量都非凡的"费"，但是却在靠岸之时沉入海底。尽管如此，当地人还是觉得他们拥有那块"费"，所以这家人还是被认为是岛上最富有的人。

———

① 雅浦岛旧称瓜浦（Guap），位于太平洋板块接邻菲律宾板块的区域，是太平洋西部加罗林群岛中的一个岛，岛上地势起伏，被茂密的植被所覆盖；海岸则大部分是被珊瑚礁包围的红树林沼泽，是世界上最大货币所在地。

雅浦岛案例的特别之处在于其揭示了货币的本质——信用。金银因人类而赋予其想象的价值，更大范围地说，货币价值基于心理评估，货币的本质就是大家基于信用普遍接受的交易媒介。

在古代社会中，类似的安排并不少见。公元前 3000 年，美索不达米亚就用陶制品来记录各类合约，一种叫"Bullae"的陶制品在考古中大量出现，类似拳头大小，空心部分的标志表示不同的数目和物品，涉及各类贷款合约与记账，从棉布、蜂蜜、绵羊到工作日的各类物品与服务，有迹象表明这一贷款合约可以由债权人转让给他人。这不仅揭示人类在 5000 年前就开始了金融安排，而且揭示了货币价值正是基于共同体的信用认同。共同体有大有小，某一社会的货币体系基础很可能在另一种社会中看来无不虚妄。甲之重金，很可能就是乙眼中的"阿堵物"①，甚至是废物，而人们彼此都愿意为相信的一切埋单。了解货币的本质是信用之后，实际上可以为前面阐述的货币起源起到一个支撑作用。

1.3.2 货币的道德特性

货币被认为是人类最伟大的发明之一，但其本质和运行规律却显得颇为复杂、神秘，而且这种神秘感随着科技的进步还在继续加深（本力，2019）。

2019 年 6 月 18 日，由全球社交网络巨头 Facebook 主导的数字稳定币 Libra(天秤座)测试网在 GitHub 开源上线，并发布白皮书。Facebook 的用户多达 27 亿，更不用说它还联合了 VISA、PayPal、Booking、Ebay 等 26 家重要企业。这让看好区块链和加密数字货币的人们为之振奋，但对于大多数人而言，增加了认识这个世界的难度。对于货币的本质、源流的探讨就显得更为迫切和重要。

"Libra 的使命就是要建立一套简单的、无国界的货币和为数十亿人服

---

① 即钱。"阿堵"为六朝时口语"这个"意。时人王夷甫因雅癖而从不言"钱"，其妻故将铜钱堆绕床前，夷甫晨起，呼婢"举却阿堵物"（搬走这个东西），仍不言。

务的金融基础设施。"按照这种说法，Libra 是以区块链为基础、有真实资产担保、有独立协会治理的全球货币。这显然与传统的货币、比特币以及各种红极一时的"空气币"都不太一样。

货币的诞生源自"偿还"恩惠而不是"交换"物品。传统理论中货币起源于"交换"的说法可能是由部落内部的一种奖惩机制演化而来，建立这种机制的目的就是维护部落内的道德体系（周洛华，2019）。

周洛华教授出版的《货币起源》用相当的篇幅讨论了人类及其道德的进化，尤其在"货币史前史""货币的诞生"这两章，更是浓墨重彩地梳理了人类美德发生史，其基本结论符合多数人类学家的观点：道德是人类进化的产物，是一种合作机制。但更重要的是，作者进一步鲜明地强调，在这一过程中，"道德不仅是在进化过程中被迫产生的，而且其本身也是有漏洞的"。

所以，在他的分析框架中，货币并不是单独出现的，而是先有道德，再有货币，而且没有货币，道德也难以维系。一言以蔽之，货币是对道德体系的强化。货币之所以重要，首先是因为道德重要，因为道德体系事关人类群体的基本行为规范，事关生死存亡。

这确实是一个对货币更为深刻、本质的结论。一些人直觉上痛恨货币制度，为金钱所累甚至被奴役、被扭曲，金钱也确实是资本主义社会许多痛苦和灾难的根源，但如果放眼人类更久远的历史和为了追求进步、平等的持续努力，就会更冷静、客观地看到根本和全局。货币为道德体系提供了一个有效的激励机制，甚至可以把货币视作道德体系的量化执行机制。

但是货币就能解决道德问题吗？当然不能。按照书中的逻辑，原因很简单，货币只是道德的补丁，光靠补丁是不行的。这里存在一个道德的悖论，那就是货币背后要体现公平，如果货币体系赖以维系的公平社会本身出现了问题，货币体系不但不能很好地发挥维护道德体系的作用，还会造成新的问题，甚至其本身就成为风险的来源，比如引发金融危机和社会动荡。2008 年的全球金融危机就是典型例子。正如达特茅斯学院商学院院长保罗·达努斯教授所言：金融危机其实就是道德危机，每一次金融危机都是道德漏洞引起的危机，因此，每一次金融危机之后的首要工作是堵住公司治理的漏洞(本力，2019)。所以，只有崇尚道德伦理、保护创新成果的国家才有可能有长期的牛市和真正的科技进步，高尚的投资人也会选择高尚的公司一起进步。而在一个投机文化、"割韭菜"盛行的生态中，没有人会奉行美德。

1.3.3 货币的现代性

在这里，货币现代性的标志是一种特殊的通用货币的发展，产生一种抽象的、同质化的、多功能的交换媒介，能够凭借其抽象力量启动深刻的社会变革，使全世界货币都与通用货币等同。现代货币已经脱离了它的社会意义和起源，并且能够将人和物从它们所处的特定社会文化意义和使用关系网络中解放出来。

关于货币逐步演变为非物质化的说法——声称要追溯货币的历史，从以物易物到嵌入社会的特殊用途货币，再到通用货币，而通用货币本身，据说也是从硬币到纸币，再到今天的数字货币形式。强化了这种错误的区分，但仍在继续流传(Ferguson，2008；Surowiecki，2012；Weatherford，1998)。

然而，我们需要简要地探讨一下马克思(Marx，1976)、韦伯(Weber，1978)和奇梅尔(Simmel，1977)提供的理论框架，因为我们所接受的关于金钱和现代化的观点都是源于这些经典的社会学描述。这三位理论巨匠的工作是丰富和细微的，足以为今天从事货币研究的人类学家提供理论支撑。当然，这是我们在这里表达的一个肤浅看法。

对马克思来说，商品货币主要是黄金和白银，在调解资本主义生产和交换关系中占据了核心地位。所有商品都可以抽象还原为货币，货币消灭了商品之间的所有区别，但这并没有消除货币的商品特性。因此，货币为一种特殊的商品，它与其他商品一样，具有商品属性，但又有其他商品不拥有的属性，可以作为其他商品交换价值的一般衡量标准。因此，所有商品都是易腐烂的货币，但货币是不朽的商品。

与马克思一样，韦伯和奇梅尔认为货币是整个 19 世纪和 20 世纪初社会和经济变革的核心。韦伯强调了货币是作为一种抽象的计算尺度，通过它可以比较和衡量其他商品的价值。有了货币，就有了货币计算的可能性。也就是说，有了给所有可能以任何方式进入买卖交易的商品和服务分配货币价值的可能性。不过，与马克思不同的是，韦伯强调国家在货币创造和管理货币流通中的重要作用。因此，韦伯认为货币是现代生活日益合理化的一部分。

奇梅尔的观点也突出了货币在社会转型中的作用。但奇梅尔认为这一过程具有很大的模糊性，并展示了马克思和韦伯所讨论的那种通用等价货币是如何具有同质化的效果。货币凭借其可互换性、内部的统一性，使得可以根据货币数量衡量交换的商品。货币的这一发展过程属于一个渐进的过程，通过这个过程，让我们与物质世界的关系变得越来越抽象，直到最后，通过货币，人们不再被东西所奴役。因此，在货币经济中，人与物的世界逐渐疏远，伴随着人们与他人之间的社会联系，不再以传统的社会等级为基础。这意味着货币将人们从可遗传的社会地位限制中解放出来，消除被赋予的社会等级，产生一种平等主义，这样货币就成为调解社会关系的核心工具。

然而，世界上不同的货币形态并没有被逐渐的同质化、量化、非物质化、社会关系解体等淹没。例如，社会科学界普遍认为，全球资本主义的扩张将迅速压倒传统的美拉尼西亚经济，但后者的活力和复原力却让人感到困惑。事实上，许多当地传统的交换系统似乎已经蓬勃发展，他们不会因为与世界经济的联系而枯萎，而是本地货币和通用货币在社会再生产的交换系统中混合在一起。通用货币的出现没有让本地货币失去意义，这两种交换工具共同存在于整个美拉尼西亚。

2 金钱心理与消费者行为

在人类的进化历程中，金钱是一个相对现代的人类发明。尽管如此，它对人类社会产生了深刻的影响。也许与其他任何非生物刺激相比较，它是一种对人类行为更有效的刺激，使之成为经济增长的强大引擎。作为一种交换工具，金钱有效地把人们结合在一起，方便同一群体内和横跨世界各个角落的人们进行互惠互利的交换（Mead & Stuppy，2014）。本章的主要目的是分析金钱效应的理论基础以及对消费者社会行为的影响作用。

2.1 金钱效应的理论基础

金钱作为一种经济工具，研究者试图掌握金钱让人们获得满足生理需求和欲望的所有方式。在这种研究导向下，金钱成为一种让我们实现目的的手段，类似于杠杆之类的工具，它使我们能够成倍地获得力量从而增强我们的能力。因此，金钱可以帮助我们更有效地交换商品和增加财富。我们可以用多余的食物来交换我们没有的另一种食物，从而满足我们对特定营养的生理需求，但金钱可以让这种交换变得更加容易。同样，我们可以储存粮食和商品，以便为我们的孩子提供生活保障，但金钱可以更有效地将这些资源价值传递给好几代人。很少有心理学家或经济学家会认为这种金钱使用方式存在问题，但应该指出的是，我们没有一个连贯且站得住脚的理论来说明金钱工具的实际运作方式，即什么心理过程将我们从金钱工具用途带到激励自我的方式。

福阿（Foa，1971）的资源交换理论也涉及金钱心理的作用。福阿（Foa，

1971；Foa & Foa，1980)提出，人们可以获得六种资源类别(金钱、信息、地位、爱、服务和商品)，这些资源类别有两个维度，即特殊性和具体性。爱具有特殊性(只有特定的人参与了交换)，而金钱更多体现在具体性维度上。在福阿(Foa，1971；Foa & Foa，1980)的分析中，金钱被视为最接近信息和商品的资源，但离爱最远，不过在布林伯格和卡斯特尔(Brinberg & Castell，1982)对这种结构的分析中，发现金钱实际上与爱是非常相似的，因为受访者认为金钱也是一种特殊的资源。

在发展心理学关于儿童如何理解金钱的研究中，心理学家报告了每个孩子成为有能力的金钱使用者的表现过程。其中，第一阶段的孩子无法理解金钱在交易中的作用，在早期和初期阶段，孩子们可以理解即时交换，但不能理解金钱的可分割性，所以如果一颗糖果值 5 美分，而一个孩子只有 1 角硬币(10 美分)，则孩子买不了糖果(Strauss，1952)。最后一个阶段的孩子可以理解金钱的各种交易，包括理解利润和投资的概念，满足生活和生产的需求。

在此基础上，福斯团队(Vohs et al.，2008)提出了金钱的自足理论，通过金钱启动(金钱刺激)可以让消费者产生一种金钱概念(而非金钱实体)，从而让他们引发一种(与个人特质无关的)自足状态。该状态可以同时诱发个体的两种动机：一方面，自足可以驱使个体追求自由，有效地达成个人目标(自主动机，autonomous motivation)；另一方面，由于陶醉在自我的世界中，也会使自足的个体对他人感受不敏感，疏离他人(人际疏离动机，interpersonal insensitivity motivation)(谢天等，2012)。

周欣悦团队(Zhou et al.，2009)通过一系列关于金钱启动的实证研究，并结合福阿(Foa，1971)的资源交换理论和福斯等人(Vohs et al.，2008)的自足理论，提出了金钱的社会资源理论。周欣悦等人通过研究发现，金钱概念、社会拒绝和身体疼痛三个因素交互影响个体的主观体验：第一，个体社会拒绝和身体疼痛的体验都会增加其对金钱的渴望；第二，金钱启动能够增强个体力量、效能和自信，从而减少社会拒绝和身体疼痛带来的痛苦体验；第三，回忆自己过去一个月的花费会使个体在面对社会拒绝和身体疼痛时更容易感到痛苦。这些研究证实了个体可以把金钱视为一种社会资源，这种社会资源能够给予个体更多的心理支持，可以帮助个体更加强有力地解决问题，从而使个体产生满足感，继而产生积极的感觉。在面对威胁和困境时，由于资源能提高个体的总体应对能力，因此，资源会显得更有价值。获得或拥有资源可以减轻个体的疼痛和痛苦，相反，失去资源会使个体变得更加脆弱，更容易受到痛苦的伤害。

从在现实中所有与金钱工具性有关的金钱现象可以发现，金钱不能作为一种有效的激励或奖励的情况。尽管在逻辑上（并且在经济理论方面）金钱确实应该，因为金钱似乎没有作为奖励工具基础的吸引力，或者比奖励工具更大的吸引力。但是，人们发现金钱还存在镇痛效果，可以减少社会拒绝和身体疼痛带来的痛苦体验，研究者将其称为金钱镇痛理论。因为他们认为金钱的作用方式与药物（满足感的药剂）的作用方式相同，都是通过破坏内部系统的适应性来奖励、刺激大脑。当然，尼古丁、可卡因或咖啡因等成瘾物质与金钱的非理性影响之间存在很大差别，但是，可以通过考虑其他现象来弥合差别，这些现象不涉及传统意义上的毒品，但具有颠覆我们奖励系统的作用——从糖精等人造甜味剂到赌博等广泛认为会在大脑中产生药物成瘾行为，因此存在一种可以理解的机制，它们可以通过这种机制颠覆大脑的奖励过程。

因此，金钱是一种资源，在我们成长中不断地理解它的作用，最终，金钱可以让我们自足，满足各种所需，也可以是一种资源。例如，社会资源和心理资源让我们可以更好地承受精神和肉体上的痛苦。也正是金钱有这些作用，面对它时，我们的心理和行为会发生变化。

2.2　金钱态度与不道德行为

卡罗尔（Carroll，1987）指出，有三种水平的道德或伦理判断：非道德管理、超道德管理和道德管理。施泰纳（Steiner，1972）把伦理道德定义为超越对法律和规则服从的一种公平和公正的行为。伦理常常与道德作为同义词来使用，它指个体和社会所遵循的一套原理或编码系统。行为标准来自社会的一般准则和价值，也来自个体在家庭、宗教、教育以及其他情境中的经验。接下来我们将分析金钱态度与道德之间的关系。

2.2.1 金钱态度类型

态度一般指对人或物的看法、感觉和总体取向，它与个性不同，通常受情境、学习和环境的影响，因此，态度不如个性特征稳定（Armstrong et al.，2011）。在对个体行为的影响研究中，通过干预态度要比个性更容易改变人们的行为。

目前，研究人员已经确定了一系列的金钱态度，这些态度表明了人们对金钱及其用途的不同取向。金钱态度与许多人口统计变量有关。研究发现，金钱态度与性别、文化、教育水平以及政治和宗教价值观等有关。

对此，研究者也在试图区分金钱使用者的类型，如囤积者、挥霍者、逃避者、积聚者、忧虑者、冒险者和风险规避者等，得出金钱心理有五个关键因素：权力/声望、保留时间、不信任、质量、焦虑。不过，弗纳姆（Furnham et al.，2014）确定了四种最常见的与金钱相关的独特目标取向，分别为安全、权力、爱和自由。

美国心理学家唐教授（Tang，1995）认为，人们的金钱态度可以分为积极、消极和否定三种类型，从认知、情感、行为三个维度加以考察，其中认知因素包括成功、动力、公平、权力、尊敬等，情感因素包括好、坏，行为因素包括预算、挣钱等。他和合作者不断发展、完善了几套金钱伦理量表（MES），并归纳出四种金钱人格的人：金钱排斥者、金钱冷漠者、金钱不满者、金钱崇拜者。

杜林致（2007）把调查对象按照金钱态度分为四种类型：金钱排斥者、金钱冷漠者、金钱不满者、金钱崇拜者。然后随机抽取204名企业管理人员、395名大学生和409名政府机关公务员为参与者，运用自编的《金钱心理问卷》和《不道德工作行为情境问卷》。调查分析管理人员和大学生的金钱心理类型及其发生不道德工作行为可能性的差异。

金钱崇拜者，人数大约占群体的四分之一，他们对金钱认可的态度是：富裕、预算、好、成功、挣钱、公平、尊重等。他们完全肯定金钱的正面属性，把金钱视为成功的标志和获得他人尊重的重要源泉，强调金钱获得的公平性，他们比较能挣会花，能够保持一种富裕的生活，因此金钱对他们的动力作用相对较弱。

金钱排斥者，人数大约占群体的五分之一，他们对金钱的态度或认知是：富裕、预算、好、成功、坏、挣钱、公平等。他们对金钱基本上采取排斥的态度，否认金钱的任何积极属性，不把金钱视为成功的标志和保证公平的手段，不寄希望于金钱带来富裕的生活。他们不怎么去努力挣钱花钱，也不会精打细算。

金钱冷漠者，人数高于群体的四分之一，他们对金钱的态度或认知是：捐款、预算、坏、挣钱、公平等。他们对金钱并不太看重，更多地采取一种行为主义的态度，努力去挣钱、精打细算花钱，并能乐善好施，但并不会被金钱所驱使而沦为金钱的奴隶，金钱对他们来说更多的是一种生存的手段。

金钱不满者，人数高于群体的四分之一，他们对金钱的态度或认知是：动力、坏、富裕、好、成功、尊重等。他们对金钱抱着较为矛盾的态度，一方面他们肯定金钱是好东西，把金钱视为获得尊重、取得成功、过上富裕生活的必不可少的手段，所以金钱对他们有很强的动力；另一方面，他们又感到金钱带有恶的烙印，在情感上并不认同金钱，他们也不善于挣钱和精打细算地花钱，更缺少捐款的义举。所以，金钱不满者处于一种希望得到更多的钱但又能力、条件有限，经常处于缺钱花的困境，由此导致他们认知、情感和行为上的矛盾分离状态。

2.2.2　金钱态度与不道德行为

对于企业管理人员，与金钱排斥者、金钱冷漠者相比，金钱崇拜者和金钱不满者更可能在工作压力的情境下从事不道德行为；与金钱崇拜者相比，金钱冷漠者和金钱排斥者更可能受到不道德组织氛围的影响。

对于大学生，大学生比管理人员在工作压力、从众、组织氛围等情境中更容易发生不道德工作行为。

对于公务人员，相对于其他金钱心理类型的人，金钱不满者有更高的从事不道德工作行为的可能性，而金钱排斥者从事不道德工作行为的可能性较低。

调查样本中的大学生比管理人员发生不道德工作行为的可能性更大。虽然大学生对金钱持较为消极的态度，但企业员工对金钱则持较为积极的态度，这似乎预示着，当大学生毕业后开始工作、努力挣钱并自我消费时，他们会欣赏金钱，这种直接的金钱经验会改变他们的金钱态度。相关研究发现，高收入者倾向于认为金钱非恶，人们在生活中需要的重要性和满意度及其金钱态度可能发生变化，人们从生理需要的缺乏到心理需要的成长有一个发展的历程。所以，只要我们一方面强化对人们正确金钱观的教育，另一方面在全社会塑造一种诚实、守信的良好商业氛围，并配之以严格、规范的诚信监督体制，我们的经济和社会就能持续稳定、健康有序地发展。

2.2.3 金钱态度与罪犯

金钱可以激励生产力，也可以激励不道德的行为。统计数据显示，在美国，2018 年发生了 7478106 例抢劫、入室行窃和盗窃事件，超过了所有其他罪行的数量——155594 例。在中国，有 3979037 起抢劫、盗窃、欺诈或假冒案件在公安局备案，而非货币犯罪和未分类犯罪有 1090205 件。

大量的金钱犯罪表明，预防和控制金钱犯罪将有助于建设一个更安全的社会。而实施积极金钱观的教育计划是一种非常有效的减少金钱犯罪的途径。例如，通过学习和实践技能，比如资金管理，培养金钱罪囚犯产生更可持续的财务态度，可以减少他们获释后的潜在犯罪行为。

陈（Chen，2021）则比较了在犯金钱罪囚犯和非金钱罪囚犯的金钱态度，金钱和非金钱性囚犯的金钱态度上存在显著差异。具体来说，与非金钱罪囚犯相比，金钱罪囚犯对金钱的力量和影响力有着更强烈的信念，这可以说明把金钱作为成功标志的个体更容易从事不道德行为。对于这些人来说，与财富有关的权力和地位可能是放弃其他道德价值观和信仰的强烈动力。因此，他们更可能挑战社会规则，即使是存在被捕的风险也要创造财富。

与非金钱罪囚犯相比，金钱罪囚犯的个人财务管理技能较差，这说明可以通过对囚犯进行个人财务管理培训减少他们犯罪的可能性。原因之一是个人财务控制技巧和消费习惯较差的个人往往会感受到金钱缺乏，容易感受到缺钱带来的痛苦，因此，他们会考虑通过非法途径获取金钱。另一个合理的解释是，不理性的购买行为或金钱犯罪行为可能源于冲动，也可能是缺乏自我控制，换句话说，那些倾向于挥霍金钱的人也可能会倾向于从事冒险行为。

2.2.4 金钱态度与说谎行为

2013 年，另一项调查发现，大约有 60% 的人会为了得到金钱而撒谎。他们研究采用的方式非常简单，"掷骰子"，给参与者一个骰子、一个纸杯，在纸杯底部戳一个洞。然后将骰子放在杯中，摇晃杯子后通过底部的洞看骰子的点数，报告自己掷出的数字是多少（正面朝上的数字），不用给任何人证实数字的真实性。在掷骰子之前，研究者告诉参与者，掷出几就给几美元的奖励，但掷出 6 就不给奖励。结果似乎可想而知。大部分人报告称自己投出了 5，报告 6 的人很少，看来这群人要么是运气爆棚，要么就是在撒谎。

西班牙心理学家戴维·帕斯柯尔-艾扎马等人招募了 172 名参与者，要求参与者访问一个特定的网站，在网上投掷一个虚拟的骰子，点击骰子进行一次模拟投掷后，报告自己投出的数字并获得相应的奖励，奖励的方式与上述实验一样。参与者不知道的是，网站是研究者自行开发的，参与者每一次投出的数字都将被准确记录。比起 2013 年的研究，帕斯柯尔-艾扎马等人能够直接比较参与者投出的和报告的数字。最后统计也发现，60% 的参与者为了得到更多的奖励撒谎，甚至用不同的方式耍小聪明。

面对金钱和利益的诱惑，撒谎好像已经成了自发性的本能反应。那么自发性欺骗行为在大脑中的神经机制是怎样的呢？

ERP 是人脑对某一刺激信息进行认知加工时在头皮记录到的电位变化，包括 N1、P2、N2、P3 等多个成分，如 N1、P2 为 ERP 的外源生理性成分，易受刺激物理特性的影响，N2、P3 为 ERP 的内源性心理成分，与参与者的精神状态和注意力等认知功能密切相关，其中，N2 波是与视差线索有关的动态认知响应，P3 反映受试者对刺激的接受处理以及反应等认知程度，是注意、感知、记忆、判断和思维的总和。在认知研究中非靶刺激及靶刺激均可引出 N1、P2、N2、P3 波，通常目标可引起明显的 P3 波，在额区最明显，靶刺激 P3 波以顶中线处波幅最明显。

金钱在经济社会中对每个人来说意义重大，对人类的行为有着重要影响，人们可能为了获得更多的金钱而说谎。谭钢团队在 2013 年做了一次实验，发现在金钱的刺激下，说谎与说真的 ERP 波形特征比较相似，说谎与说真之间产生差异的脑区均比较集中在额区中央区、顶区及颞叶部分区域，但说谎较说真诱发了更显著的 N2、P3 波，说明说谎者在说谎时投入的注意资源增多。低强度小币值条件下对目标刺激的说谎在广泛脑区内显著大于说真，但是对靶刺激的说谎与说真的差异多分布在颞区。在晚期慢波上，说谎与说真的差异主要集中在大脑皮层的前部和中央部位，高强度的大币值条件下不同刺激诱发的 P3 波无差异，主动说谎与被动说谎的内在心理过程可能存在差异。

2.2.5　金钱态度与消费决策

彭小辉和王坤沂在 2017 年至 2018 年对我国长三角、珠三角、京津冀等区域的高职高专、普通本科和研究生做了一项金钱态度与消费决策的研究。

他们发现大学生金钱态度只有三个因子："量入为出""权利与享受"和"金钱、能力和未来"，说明这与以一般居民为研究对象的金钱态度有明显的差别。

家庭所处的社会阶层、社会影响源以及生源地等三个因素对大学生金钱态度的影响如何？其中，相比于其他阶层的家庭，成长于社会低层家庭的大学生在"权利与享受"这一维度上更加显著，这与当前社会出现的穷孩富养现象一致。在社会影响源方面，主要受到父母消费观念和消费行为影响的大学生在传统"量入为出"这一维度上更显著，表明家庭环境和教育对大学生金钱态度和消费行为的影响很大。从生源地差异来看，相比来自乡镇和城市的大学生，来自农村的大学生在"金钱、能力和未来"维度上的分值更高，原因是来自农村家庭的大学生具有强烈愿望，即要通过自己努力创建未来美好的生活。

在金钱态度对消费决策的影响上，在"金钱、能力和未来"和"权利与享受"因子上得分越高的大学生更愿意使用互联网消费信贷，家庭层次较低的大学生更喜爱门槛极低的互联网消费信贷，父母的信用卡消费行为会显著增加大学生互联网消费信贷使用概率。此外，低年级可支配收入较少的大学生也是互联网消费信贷使用的高发群体。

2.3 金钱崇拜与社会行为

2.3.1 金钱崇拜与跨期决策

金钱崇拜是个体的金钱态度、金钱意义以及个体对金钱的需求价值与渴望。研究显示，男性有着明确的收入期待，而女性则更在乎社会需求的实现。相对于低金钱崇拜者，高金钱崇拜者的富有动机更强，并在金钱预算方面更加仔细。对于处于人生观与价值观形成的关键时期的消费者，了解其金钱态度和决策偏向能有效抑制他们的冲动消费行为和错误价值观的形成，进而提高个体在日常活动中的决策效率。

杨超等(2018)采用经典跨期选择任务范式，以个体的金钱喜好差异为切入点，通过问卷调查和行为实验考察金钱崇拜对个体跨期决策偏好的影响。

跨期选择任务共 19 个，包含近期小奖赏和远期大奖赏的选择题，时间点为今天到 6 个月后，近期小奖赏（A）以 60 元为单位逐次增加至 950 元，远期大奖赏（B）恒定不变，数额为 1000 元现金，"半年后 1000 元"的主观值等于参与者首次选择 A 时 A 选项的金额和上一题 A 选项金额的平均金钱数，如果参与者所有选项均选择 A，那么他"半年后 1000 元的主观值为 25 元"；如果全部选择 B，那么其主观值为 975 元金钱。

金钱崇拜与个体跨期决策偏好存在影响关系。个体的金钱崇拜水平受到主体的教育水平、所处的环境和自身特质的影响所表现出来的后天的水平差异。同时，它还具有稳定性，折扣率是跨期决策最核心的表达，个体的选择不因过去或将来的体验而改变，因此个体不会由于选择任务的变化而改变其心理偏好。

对于不同金钱偏好类型的群体，金钱的心理意义不同，高金钱崇拜者倾向于将金钱作为自己成功的标志和内心的满足，他们有着更强的自控力和预算能力，能在近期小奖赏和远期大奖赏中做出理性的比较，从而愿意等待远期大奖赏的到来。

无论兑现时间的长短，参与者在任务容易条件下选择延迟较大奖赏的频数比任务困难条件下要大，且高金钱崇拜者的这种差异大于低金钱崇拜者。随着时间的缩短，这种差异趋势比兑现时间较长的情况更为明显，原因是当时间继续减少到某个时间点后，可能会出现反转，即低金钱崇拜者在任务容易条件下选择延迟较大奖赏的频数会比任务困难时小。

2.3.2 金钱崇拜与工作绩效

金钱崇拜的人会认为钱是一种必须满足的需求，并且会用各种方式来获得金钱。高金钱崇拜者会降低道德行为，低金钱崇拜者会增加道德行为。

根据唐（Tang）和他同事在 2003 年做的一项研究，金钱崇拜者会更有动力去采取任何行动来获得更多的钱。金钱崇拜者会被激励尽可能多地工作，以满足他们对金钱的渴望，这样，当员工觉得他们对金钱的热爱得到了满足时，他们的职业道德就会提高，从而直接提高员工的绩效。唐（Tang）和他同事在 2011 年的研究还发现，金钱崇拜对员工的工作动机有积极影响。

一个人的看法受到他的道德规范的影响，当他对金钱的热爱能够在他工作的公司得到满足时，他总是试图生存下去。但是，人的本性让一个人总是有一种欲望，这种欲望永远不会在某个成就中得到满足，包括对经济成就的渴望。因此，当一个员工觉得公司无法实现他对金钱的崇拜时，他想跳槽到另外一家公司的可能性就非常大。

维迪亚尼（Widiani et al.，2019）在 2019 年调查了印度尼西亚巴东地区的 117 位农村银行员工，分析金钱崇拜是否会影响他们的工作绩效。

首先，金钱崇拜对员工的行为有负向影响，说明金钱崇拜越强烈的员工对所在公司的组织公民行为越低。因此，当员工感到自己对金钱的渴望无法在其工作中得到满足时，他们就容易跳槽，并找到一家有能力满足自己对金钱渴望的公司。

金钱崇拜并不影响巴东地区农村银行员工的工作绩效。进一步分析，调查的员工大多数年轻未婚，没有家庭负担，因此，可以使用成功、自我表达、社会影响、幸福感和激励因素指标解释金钱崇拜对员工绩效影响。结果显示，在人们相对年轻的时候，金钱不会被认为是一个人成功的证据，也不是年轻员工表达自己的主要方式。此外，年轻的时候，人们往往不希望有很高的社会影响力，他们意识到金钱不是幸福的源泉，也不是提高业绩的主要动力。

2.3.3　金钱崇拜与不道德行为

金钱崇拜是一种个人对金钱的个性化态度，有学者更具体地指出金钱崇拜就是对金钱的渴望或贪婪。金钱崇拜属于个体态度的一种，因此，可以通过观察个体的金钱态度来分析他们的金钱崇拜倾向，不过，目前已有量表可以测量个人金钱崇拜倾向，如金钱伦理量表（MES）或金钱崇拜量表（LOM）。

研究者认为金钱态度的组成部分包括：成功、动机、罪恶、预算和公平。预算是金钱态度的行为成分，是指对金钱的适当控制和管理（杜林致，2018）。公平，包括"个人公平"和"内部公平"。"个人公平"就是相对于同等工作、职责和责任但业绩较低的个体，获得更高质量和数量业绩的个体应该获得更好的回报。对于"内部公平"，就是相对于组织层级较低和承担责任较小的个体，拥有更高职位和承担更大责任的个体应该获得更多的报酬。成功因素强调金钱作为社会地位的一个指标，让很多人沉迷于金钱来证明自己的成功。激励因素表明，金钱驱动目标的实现意味着个体为了挣钱而被迫工作，得到的钱越多，他们就越积极工作，或者是他们会更加努力地工作以赚取更多的钱。

在金钱态度的组成成分中，罪恶因素是金钱态度的情感成分（杜林致，2007）。由于这一因素，人们认为，对金钱崇拜是所有不良行为的根源，金钱崇拜是不道德行为的原因。因此，很多人认为金钱是肮脏的，这种信念越强烈，他们对金钱的仇恨就越大。不过，根据奥马戈和他团队（Omago et al.，2009）的观点，人们对金钱的崇拜主要与生存和成功的欲望有关，而不是罪恶的根源。

面对这种具有冲突的观点，恩孔达班扬加（Nkundabanyanga）和他的同事 2011 年在乌干达做了一项金钱崇拜与不道德行为的研究。他们认为在乌干达的新闻报道、议会辩论和法庭案件中经常出现贪污案件。

恩孔达班扬加（Nkundabanyanga）和他的同事采用横断面设计和描述性研究方法，对 5 家在乌干达排名靠前的化妆品制造商进行研究。他们调查了 300 名化妆品制造商营销部门的销售代表、销售经理、区域经理以及化妆品行业的主管，其中 230 名销售代表、20 名销售经理、30 名区域经理和 20 名主管。

结果表明，无论销售人员是否知道如何成功，他们都有强烈的成功欲望，如果他们愿意为金钱利益而执行非专业的任务，这必然导致不道德的营销行为。此外，该研究还表明，随着目标和期限的来临，销售人员的执行压力增加，不道德行为也会随之增多，因此，不切实际的目标加上固定的期限会促进和加强销售人员的营销不道德行为。如果对销售人员的金钱态度进行管理控制，如调节他们对成功、动机、罪恶、预算和公平的态度水平，可以减少不道德的营销行为。

金钱崇拜强烈的员工参与不道德的营销行为，而且强调了评估和改进管理控制的重要性（杜林致和乐国安，2009，2010）。通过分析一些人口变量，该研究还发现居住在城市地区的已婚销售人员更倾向于从事不道德的营销行为，这是因为对金钱的贪婪和对奢侈生活方式的渴望影响了他们的金钱崇拜（杜林致等，2012；徐四华等，2013；杜秀芳和刘娜娜，2018）。

2.4 金钱与幸福感

关于金钱心理影响的文献，其中引起大家关注的话题之一就是研究金钱和幸福之间的关系。这些方面的研究对我们理解金钱心理有很大的帮助，不过，值得一提的是，这方面的研究并不是因为心理学家对金钱有浓厚的兴趣，而是因为越来越多的人不仅接受了跨学科的研究，也接受了研究结论得出的政策，人们认为自己幸福的主观评价可以被当作可靠、有效和重要的数据（Diener & Biswas-Diener, 2008; Krueger & Schkade, 2008; Lyubomirsky & Lepper, 1999）；意味着金钱（通常是收入和财富，无论是在个人还是在国家层面）和幸福之间的关系已经成为讨论金钱心理学的有力话题。

2.4.1 金钱与幸福感

积极心理学认为，幸福感是人们对客观生活的主观感受，这种主观感受经济因素的影响不是很大。研究者从多个角度考察了金钱与幸福之间的关系，有国内层面的，也有国际层面的；有静态的，也有动态的。

迪纳和比斯瓦斯-迪纳（Diener & Biswas-Diener, 2002）通过回顾有关收入和主观幸福感关系的研究文献发现四个可重复的结论。第一，国家财富与主观幸福感平均报告之间存在着较大的相关性；第二，在居民收入和主观幸福感之间的相关性系数大多很小，尽管这些相关性系数在贫穷国家似乎更大，意味着穷人不快乐的风险要高得多；第三，在过去的几十年里，大多数经济发达国家的经济增长伴随主观幸福感的小幅上升，而个人收入的增长则有不同的结果，有些国家上升，有些国家下降；第四，那些把物质目标看得比其他价值更重要的人往往不那么快乐，除非他们很富有。因此，当更多的钱被富裕的个体获得时，他们的物质欲望会随着收入的增加而增加，但从长期来看，当更多的钱被富裕的个体获得时，收入似乎不会增加多少。该研究提出的理论解释是：第一，收入提高主观幸福感的前提是它能帮助人们满足他们的基本需求；第二，收入和主观幸福感之间的关系取决于人们收入所能满足的物质欲望的多少，此外，高主观幸福感可能会增加人们获得高收入的机会。

许多证据表明，金钱确实能使我们更快乐。根据传统经济学，钱可以买到幸福，因为它可以被用来交换那些可以增加个人效用的商品。因此，人们认为金钱和幸福是有直接关系的。伊斯特林(Easterin)对美国人口调查的数据得出，在高收入群体中，非常快乐的比例几乎是低收入群体的两倍，富裕的人比同一社会中那些不富裕的人更幸福，并且金钱和幸福感的关系随着人们收入或财富的增加而变弱，呈现边际效用递减的趋势。为了确定主观幸福感收入的关系路径，杜林致等人(2020)发现，在控制了教育、婚姻、失业、职业、年龄等变量后金钱和生活满意度的关系依然显著。这些发现表明收入与主观幸福感之间存在直接关系，而这并非由其他变量造成。

不过，心理学家则发现金钱和幸福之间的关系显著却微弱，通常为0.15~0.39。如果以幸福满意度为纵轴，金钱收入为横轴，两轴相交的起点为零，即当一个人身无分文时幸福满意度接近于零。当人们的手中有了钱，幸福满意度会随之提升，坐标上的曲线会快速上升，但当人们拥有的钱足以保障日常生活的开销后，坐标轴上的曲线就会变成一条水平线，无论横轴上的金钱数额增加多少，纵轴上的幸福满意度都不会上升，这被称为金钱的边际效应递减。

相关研究也证明，人均超过 1 万美元的回报率正在下降，超过这一水平，幸福几乎没有增长或只有小幅增长。另外，诸如性别、婚姻和年龄等变量似乎缓和了金钱和主观幸福感的关系。

美国盖洛普市场及民意调查公司也做过这样的一项调查，它以全球超过 130 万人为样本，结果显示收入与个体满足感成正比，但与幸福感关联不大，也就是说，金钱难买幸福。人们的满意程度随着收入增加而提高，但愉悦感、幸福感等积极情绪与其他一些因素密切关联，如受人尊敬、独立、有朋友、对工作满意等。

关键的一点是，收入较高或财富较多的人并不总是比收入较低的人更幸福，关键的争论是关于在什么情况下金钱和幸福之间的正向关系会显现出来，什么时候不会显现出来。尽管金钱是一个强大的激励因素，但拥有它或者能够稳定获得金钱，实际上并不会让我们把时间用在更幸福的行为活动上。根据卡尼曼等人（Kahneman, et al., 2006）研究的数据，当幸福程度超过中位数时，能够对幸福产生积极影响的活动是亲密关系、社交、放松、祈祷、崇拜、冥想、饮食、运动和看电视，很显然，这些活动都不需要大量的金钱。

金钱和幸福之间的矛盾关系的部分原因是，人们似乎非常不擅长预测他们未来的情绪状态。吉尔伯特和威尔逊（Gilbert & Wilson, 2007）对这种"情感预测"的变化进行了广泛的调查。通常假定人类拥有心理时间旅行能力（Suddendorf & Corballis, 1997, 2007），即意味着我们能够在尚未经历未来的环境下想象出我们会有什么感觉或体验。但是我们在心理时间旅行中，对未来感觉或体验的估计是非常不准确的。因此，即使金钱原则上可以买到幸福，我们也会经常把它花在错误的事情上，所以金钱所带来的潜在幸福收益在实践中从未实现。

2.4.2 金钱与心理健康

对许多人来说，拥有和省钱可以代表安全。金钱是一种情感救生衣、一条安全毯、一种逃避焦虑的方法。这些人往往是储蓄者、收藏者和自我否定者，并且可能对他人不信任（Furnham，2015）。有钱可以减少人们对他人的依赖和在不良事件上体现出的脆弱，从而减少焦虑。对一些人来说，金钱也代表权力和威望，因为金钱可以买到商品、服务和忠诚。金钱还可以用来获得关注、支配和控制（杜林致等，2004；徐晓雷，2014；蔡诗瑶，2017；陈睿等，2020）。精神分析学家认为，金钱带来的权力可以理解为一种回到无所不能的婴儿幻想作用（Goldberg & Lewis，1978）。对许多人来说，金钱也与爱情有关，它可以作为情感和感情的替代品。

金钱，通过慷慨，可以用来购买忠诚和自我价值，但可以导致一些人产生非常肤浅的关系。金钱代表或提供自由，这是让人们容易接受且承认与金钱有关的属性。金钱可以为人们追求自己的奇思妙想和兴趣赢得时间，使他们从日常工作和赚钱工作的限制中解脱出来。对于那些重视自主和独立的人来说，金钱可以买到逃避命令和命令他人的机会，并且可以滋生愤怒、怨恨和贪婪等情绪（Furnham et al.，2014）。

金钱态度可以体现为个体本身对金钱的行为，如对钱的控制能力、对生活的控制等一系列的行为，从而影响个体对自身心理资源的感知。金钱态度对人们的健康水平有一定影响：金钱态度积极的人更舍得消费，花钱多往往代表着自身具有强大的经济实力，也就是我们常说的更有钱，有钱的个体出现心因性疾病的现象也会比较少见；而金钱态度消极的个体，花钱时会带来更多的焦虑、怀疑和极度不安，给人带来一些不可预料的负面情绪，因而金钱匮乏的个体较容易出现心因性疾病（徐哲泉，2016）。

已有研究表明，人们如果树立与安全和自由相关的金钱态度，倾向于健康行为；如果树立与权力、威望和爱情相关的态度，则倾向于不健康行为。男性倾向于将金钱与成就、权力和自由联系起来（Furnham et al.，2012），而女性更倾向于将金钱视为焦虑的来源（Gresham & Fonteno，1989），并将金钱与保留（Gresham & Fonteno，1989）和预算（Tang，1995）联系起来。弗纳姆本人及团队（Furnham，1984；Furnham et al.，2012）在1984年和2012年做的研究发现金钱信仰和社会政治意识形态之间的联系，对于政治和宗教价值观，那些持右翼政治观点的人更倾向于支持与权力和自由相关的金钱情感。

　　罗伯茨和琼斯(Roberts & Jones，2001)在一项针对 406 名美国大学生的调查研究中发现，金钱态度、权力/威望、不信任和焦虑与强迫性行为密切相关，而使用信用卡往往会缓和这些关系。尼斯和罗斯特(Harnish & Roster，2018)在一项针对美国 286 名年轻人(18~25 岁)的研究中发现，强迫性行为与金钱取向(权力和金钱焦虑)呈正相关，与金钱保留和不信任呈负相关。有关对金钱态度的数据表明，相对于将金钱视为权力和爱情的人，将金钱视为安全的人更为成功(Von Stumm et al.，2013)。丽塔和安耿婷(Rita & Argentina，2015)在印度尼西亚对 150 名商学院学生进行调查研究发现，那些将金钱与权力和声望联系在一起的学生更倾向于冲动性购买。

3 金钱概念与消费者行为

毫无疑问，金钱让世界运转起来了。那些没有钱的人会积极追求它，那些拥有金钱的人可能会更想追求它。金钱虽然不能直接满足我们的需求或愿望，但它几乎可以变成任何东西。因此，金钱本身是吸引人的，如果获得金钱的可能性大，大多数人应该会很乐意投资以获得金钱回报。所以，金钱是我们很多行为的动力因素（Lea & Webley，2006，2014）。

虽然消费者对金钱的追求可以采用规范性和描述性的经济模式进行解释（Von Neumann & Morgenstern，1947），但金钱也可能以更微妙的方式影响我们的心理和行为。在我们周围，处处存在与金钱有关的线索，通常我们可能没有意识到它们的存在。过去几十年的研究表明，环境中这些微妙的线索可能会启动和激励我们的行为（Bargh et al.，2010）。在本章中，我们将研究金钱相关的线索（启动金钱概念）可能在没有被察觉的情况下影响我们的消费行为。

3.1 金钱概念

在人们的心智中，金钱不仅仅是一种交换工具且具有存储价值，金钱还是一种独特的概念，金钱概念是指个体认知结构中对于金钱的整体认识。在个体的认知结构中，金钱象征着不同形式的资源，如安全、自信、自由、权力、独立、富有和社会资源等（莫田甜和周欣悦，2020），而这些概念可以通过金钱启动（金钱刺激）产生（李爱梅等，2014，2016）。

3.1.1　起源

社会认知的一个基本理论——构念激活和可访问性的理论（theory of construct activation and accessibility）认为在一个联想网络中，人们能够描绘他们的知识和概念，那么当其中某个概念被激活，与之相关的概念也能够被激活。以类别启动为例，首先，要求参与者用一些敌意相关的词（如，打断他的腿）造一个句子；然后，再给参与者一段描述某人性格的行为事件；最后，询问参与者对该个体的性格印象是什么。实验的结果是相对于没有使用敌意词语造句的参与者，使用敌意词语造句的参与者把该个体描述得更有敌意。这是心理学研究中常用的心理启动技术。

金钱概念研究最早兴起于福斯和他的研究团队（Vohs et al.，2006）在 *Science* 上发表的一项研究，该研究中，福斯等人率先将启动技术应用于金钱心理的研究。福斯团队认为使用一些金钱刺激或金钱线索，可以启动个体内心的金钱概念，让个体达到拥有金钱的状态，并提出了有关金钱启动的第一个理论——自足理论（self-sufficiency theory）。该理论认为，金钱启动（而非金钱实体）可以引发一种（与个人特质无关的）自足状态。该状态可以同时诱发个体的两种动机：一方面，自足可以驱使个体追求自由，有效地达成个人目标（自主动机，autonomous motivation）；另一方面，由于陶醉在自我的世界中，也会使自足的个体对他人感受不敏感，疏离他人（人际疏离动机，interpersonal insensitivity motivation）。

福斯团队随后设计了 9 个实验对此进行了验证。

实验 1：面对工作上的难解问题，启动金钱概念的参与者，坚持的时间更长。

实验 2：相对于启动金钱缺乏概念的参与者，启动金钱富裕概念的参与者在请求帮助之前，工作时间更长。这个效应没有受到参与者和帮助者的相对地位的影响。

实验 3：启动金钱概念的参与者给他人提供更少的帮助。获得自我满足的个体会变得不愿帮助他人，因为他认为其他人能够照顾好自己。

实验 4：与控制条件组的参与者比较，启动金钱概念的参与者只花了一半的时间帮助有困惑的同伴。

实验 5：设计了一个没有技巧性和技能性的帮他人捡铅笔的实验。启动金钱富裕概念的参与者帮助他人捡的铅笔数量要少于启动金钱缺乏概念的参与者和控制组的参与者。

实验 6：设计了一个捐款实验。发现相对于控制组的参与者，启动金钱概念的参与者给学生基金会捐的钱更少。

实验 7：设计了一个社会亲密性检验实验。发现相对于控制组的参与者，启动金钱概念的参与者在相互交流的时候，他们之间坐的位置会离得更远。

实验 8：发现相对于控制组的参与者，启动金钱概念的参与者更喜欢选择只有一个人的休闲体验活动。

实验 9：发现相对于控制组的参与者，启动金钱概念的参与者与他人合作完成任务的意愿要更小。

这 9 个实验支持了金钱给个体带来心理上的自我满足，金钱提高了个人主义但降低了共同动机。

3.1.2 金钱概念的启动方法

金钱概念启动的关键点是把金钱仅作为特定的概念符号，而不是确实拥有金钱资产，让消费者联想到大量的金钱，在短时间内产生的心理反应或结果。具体来说，就是通过给予消费者金钱线索，即给予金钱提示或暗示，让消费者在低自觉的意识水平时提高金钱观念的可达性（谢天等，2012）。常见的方法有以下几种。

金钱词语启动：一般给参与者呈现一系列（如 30 个）单词组，每个单词组中包含 4（或 5）个打乱顺序的单词。参与者要用单词组中的 3 或 4 个单词组成一个有意义的短句。在规定时间内，要求参与者组出尽可能多的句子。启动操纵通过句子的意义不同完成。比如，在福斯团队（Vohs et al.，2006）研究的实验 1 中，每组参与者均得到 30 个单词组。控制组参与者得到的 30 个单词组均启动中性概念，他们需要将诸如"cold""it""desk""out-side""is"组成短句"it is cold outside"。金钱启动组参与者得到的 30 个单词组中有 15 组启动金钱概念，如将"high""a""salary""desk""paying"组成短句"a high-paying salary"；为避免参与者猜测实验目的，其余 15 个短句启动中性概念。莫吉尔纳（Mogilner，2010）在她的系列研究中还同时启动了时间概念。在实验 1 中，参与者需要在给定单词组的 4 个单词中挑出 3 个造句。金钱启动组参与者要将"sheets""the""change""price"组成句子"the price change"；时间启动组参与者需要将"sheets""the""change""clock"组成句子"the clock change"；控制组参与者需要将"sheets""the""change""socks"组成句子"the socks change"。

金钱图像启动：在这种情境中参与者能意识到这些金钱刺激的存在，但这些刺激却不处于参与者意识加工的中心或参与者不清楚实验者意图。如在福斯团队研究（Vohs et al.，2006）的实验 7 中，参与者的任务是在电脑前填一份问卷（实际上是无关问卷）。6 分钟后，游鱼组参与者（控制条件1）的电脑屏保显示水面下有多条游鱼；空白屏保组参与者（控制条件 2）的屏保是空白屏幕；金钱组参与者的屏保显示水面下有多张美钞。

金钱本身启动，即直接给予参与者金钱刺激，如通过操纵现金的数量直接给参与者金钱刺激。在吉诺和皮尔斯（Gino & Pierce，2009）的实验 1 中，参与者进入实验室时会经过一张放有不同数量现金的桌子。金钱启动通过操纵现金的数量完成。金钱富裕组的桌子上放有总价 7000 美元、每张面值 1 美元的现金；金钱缺乏组的桌子上放有仅够参与者生活消费的现金。而在福斯团队（Vohs et al.，2006）的实验 5 中，金钱（游戏币）在呈现之前还通过休息作掩蔽来完成。在该实验中，参与者首先与假扮成参与者的实验助手一起玩大富翁游戏。7 分钟后，游戏中止。金钱富裕组参与者剩余 4000 美元游戏币；金钱缺乏组参与者剩余 200 美元游戏币；控制组参与者无游戏币。最后，金钱最直接的呈现方式是让参与者接触。周欣悦团队（Zhou et al.，2009）的实验 3 中，金钱启动组参与者点数 80 张百元人民币，而控制组参与者点数 80 张白纸。

金钱行为启动，如花钱问题，用现金还是信用卡，回忆自己与金钱有关的经验或阅读与金钱相关的故事等。回忆自己与金钱有关的经验或阅读与金钱相关的故事属于定势启动。金钱回忆启动：如周欣悦团队（Zhou et al.，2009）的实验 5 中，金钱启动组参与者需要回忆并写下自己过去 30 天的花费；控制组参与者则需要回忆并记下过去 30 天的天气情况。金钱朗读启动：如福斯团队（Vohs et al.，2006）的实验 2 中，参与者需要在录像机前大声朗读一篇文章。金钱富裕组参与者阅读的文章内容是自己在一个富裕环境中长大的故事；金钱缺乏组参与者阅读的文章内容则是自己在一个贫穷环境中长大的故事。

3.2　金钱概念与产品和品牌的选择

从进化的时间尺度来看，金钱是一项相对现代的人类发明。然而，它已经戏剧性地彻底改变了人类社会的面貌。也许比任何其他非生物激励因素都更重要，它是人类行为的有力激励者，使其成为强大引擎。作为一种交换工具，金钱改变了消费心理和行为，影响了消费者对产品和品牌的选择。

3.2.1　金钱概念与产品选择

莫吉尔纳和阿克（Mogilner & Aaker，2009）发现，金钱概念启动会使个体不看重产品的情感利益（如能带来愉悦感受、美好回忆等享乐价值），而更看重产品带来的实用效用。同样，奎德巴赫团队（Quoidbach et al.，2010）研究发现，启动金钱概念的参与者对巧克力等享乐品的偏好程度会减弱。曼德尔和约翰逊（Mandel & Johnson，2002）探讨了网上购物情境下金钱概念启动对消费者行为决策的影响。在他们的研究中，实验者通过在产品（汽车、沙发）网页背景中加入一些金钱图案（如美元符号、硬币符号）来对消费者进行金钱概念启动。结果显示，启动金钱概念的消费者花了更长的时间来对比不同产品的价格，但是最后选择了性价比较高的实用品。童璐琼和她的团队（Tong et al.，2013）通过实验进行证明，与控制条件下的参与者相比，金钱概念启动条件下的参与者更倾向于选择实用而非享乐的选择。例如，金钱概念启动条件下的参与者使用了预防调节聚焦策略，偏好选择电池产品（vs. 巧克力蛋糕）、英语词汇书（vs. 科幻小说）和笔（vs. 可乐）等实用品。

为什么金钱概念启动会影响人们对使用产品的偏好？童璐琼和她的团队给出了答案。

金钱对大多数人来说是一种有限的资源。因此，财务资源的配置通常由两个基本目标决定：（1）实现财务收益；（2）防止财务损失。根据调节焦点理论，人们对理想目标的自我调节包括两个独立的系统，即促进调节聚焦和预防调节聚焦。促进调节聚焦系统偏向于进步、成就和愿望。预防调节聚焦系统在安全、保障、责任和期望时拥有更好的处理流畅性。因此，财务资源配置的两个目标：实现财务收益和防止财务损失，分别会受到促进调节聚焦和预防调节聚焦的管制。金钱概念的研究表明，处于情景不同的消费者，对金钱的概念要么与个人实力有关，要么与成本或威胁有关，而这分别与促进调节聚焦和预防调节聚焦相一致（Vohs et al.，2006；Hansen et al.，2013）。

尽管消费者在与金钱相关的决策中依赖这两个目标系统，但他们有选择地使用它们。当涉及消费决策时，对于成本、威胁和避免经济损失等相关的信息，预防调节聚焦系统的处理方式更为重要。由于我们大多数人的资金来源有限，我们更注重寻找明智的花钱方法，例如把钱花在满足我们基本需要的产品上，从而避免浪费，这正是预防调节聚焦系统所关心的问题。汉森等人（Hansen et al.，2013）指出金钱刺激可以提醒消费者未支付的账单或财务资源不足，从而向他们发出问题和挑战的信号，这进一步突出了防止经济损失的目标，表明了金钱刺激可以激活消费者的预防调节聚焦系统。

当消费者面临享乐和实用的选择时，他们的目标关注重点，无论是长期还是短期，都可能影响他们的选择与决定。以促进调节聚焦为重点的消费者对获得快乐更感兴趣，因此其更可能关注享乐属性或产品。相比之下，以预防调节聚焦为重点的消费者对避免意外结果更感兴趣，因此更可能关注实用属性或产品。赛佛（Safer，1998）发现，消费者对豪华或可靠产品的偏好受到他们促进聚焦和预防聚焦的调节。森古塔和周（Sengupta & Zhou，2007）证明冲动性进食者会自发地发展出一种促进调节聚焦，即暴露在享乐诱惑的食物中，而诱发的促进调节聚焦也会影响随后在完全不相关领域的选择。同样，以促进调节聚焦为重点的消费者更喜欢探索和冒险（Pham & Avnet，2004），这符合享乐产品令人兴奋和让人感兴趣的性质。而以预防聚焦为重点的消费者则倾向于更安全的选择，这符合实用产品安全性和实用性的属性。

所以，金钱概念启动可以激活预防调节聚焦的可能性，导致消费者在面临享乐和实用属性或产品时，偏好谨慎的选择，因此更有可能选择实用品。

3.2.2　金钱概念与品牌决策

汉森等人（Hansen et al.，2013）的研究发现金钱启动可以同化消费者品牌延伸的品牌信念，影响消费者的品牌决策。金钱启动可能会激活一种市场定价的关系模式，金钱作为市场定价的最典型媒介，象征着现有社会经济体系，因此，提示金钱线索可能会引发人们对于这种经济体系的认知表征，并提升对于自由市场意识形态的肯定与认同。例如，在美国，纸币不仅体现了政治（例如，总统的形象）和宗教（例如，"我们相信上帝"）制度，而且更普遍地作为自由市场资本主义经济制度运作的象征和工具。即使是隐性美国制度的心理启动，例如短暂接触美国国旗，也足以增加对该制度的明确认可（Carter et al.，2011）。

在许多方面，金钱货币是自由市场体系的象征（Deflem，2003），因此，如果人们认可金钱货币应该会强化对这一体系的认可。经济制度正当性的一个基本原则是相信市场力量产生的结果是公平的（Jost et al.，2003）。因此，由于金钱货币是美国自由市场资本主义制度的象征，金钱货币的存在将强化该制度的正当性，并增加对公正世界、社会主导取向和公平市场意识形态的信念。启动金钱概念将会加强人们对公正世界、社会主导取向和公平市场意识形态的信念，支持自由市场体系（Caruso er al.，2012）。

根据关系模式理论，在市场定价的关系中，人们缩减了事物的所有相关特征和成分，并将这些置于对单一价值和效用标准的考量之下，从而使人们可以对成本收益比率、期望效用等进行理性的计算。正如一些研究发现，金钱概念会导致一种价值最大化的心态，使个体更倾向于追求经济性效用，同时抑制其情感性目标，消费者会更多地关注对产品的单纯拥有，从而负面影响其对于产品的感知与态度，甚至会减损人们品味积极情感和体验的能力。启动金钱概念降低消费者的享受偏好。例如品味巧克力的时间长短，启动金钱概念会让消费者花在享受上的时间更少（Quoidbach，2011）。而这些积极的体验与情感正是构成消费者品牌依恋的核心内容。因此，受到金钱刺激的消费者会自然地对自己使用的品牌表现出更弱的依恋。侯清峰和他的团队（2008）用实验证明了启动金钱概念会使消费者感知到自我与品牌之间的相似性更小，即社会距离更大，而社会距离越大消费者对品牌的依恋程度就越小。

3.2.3　金钱概念与能力型和热情型品牌的选择

刻板印象模型（Stereotype Content Model）是一个关于个体如何认知社会的模型，指的是人们为了快速认知某一类人或事物产生的比较固定、概括而笼统的看法。比如，富人群体，我们可能认为是有能力而缺乏温暖的群体，家庭妇女和老年人群体是拥有温暖而缺乏能力的群体。该模型认为人们对社会组织的感知可以分为两个维度：热情（warmth）与能力（competence）（Fiske et al.，2007）。温暖判断包括慷慨、善良、诚实、诚恳、助人为乐、守信、体贴。而能力判断则包含信心、有效性、智力、能力、灵巧和竞争力（Aaker et al.，2010）。这两个维度不仅可以应用于对人的知觉，还可以进一步延伸，当一个社会目标是以某种刻板印象进行判断时，温暖和能力印象可以解释该目标的大部分内容（Aaker et al.，2010）。

比如，一个国家，人们容易对它形成某种刻板印象，根据刻板印象模型，Cuddy 等（Cuddy et al.，2009）曾以温暖和能力两个维度对欧洲国家进行衡量，发现德国是一个能力型的国家，波兰则是一个温暖型的国家。

阿克等人（Aaker et al.，2010）在研究社会排斥对非营利组织感知时发现，消费者会使用能力和热情来感知非营利组织，他们认为营利性组织有更多的能力，而非营利组织则有更多的热情。温暖或能力的刻板印象不仅仅存在于对企业组织的感知上，还可以延伸到企业品牌（Aaker et al.，2012）。富尼耶（Fournier，1998，2009）在对顾客的访谈时发现消费者与品牌的关系类似于与他人的关系，例如，谈到母亲经常使用的品牌，他会感觉到与品牌有一种"亲属"（Kinship）关系。在品牌感知研究中，品牌形象感知可以用刻板印象的感知要素进行解释。凯文（Kervyn et al.，2012）根据刻板印象模型建立了品牌代理人框架，通过两个实验证明了人们对品牌的感知分为两种：热情和能力。能力要素源于满足个人目标的有效能力，代表自我获利的特质，一种能够满足欲望的能力（Cuddy et al.，2008），一种能够实现自我目标的能力（Aaker et al.，2010），从品牌绩效特征看——质量、可靠、耐用、一致性，这些特征可以视为品牌的能力要素；热情要素源于以他人为焦点的动机，代表着他人导向，让他人获得比自己更多的利益，是一种合作意愿、亲社会行为以及他人需要帮助时给予帮助（Cuddy et al.，2008；Aaker et al.，2012），品牌依恋、品牌激情可以视为品牌热情的内容。

莫吉尔纳和阿克（Mogilner & Aaker，2009）研究发现启动金钱富裕概念的消费者容易采用理性思维来思考问题，与产品的情感联系会更少，强调产品的实用效果，容易想到冷冰冰的"交易"。金钱富裕概念不仅会减少对他人的救助，也会减少对亲人的关爱、热情等偏好（Mogilner，2010）。一方面启动金钱概念的个体与他人保持一定的社会距离，利他行为的意向下降，表明这些个体对以他人利益为导向的需求在下降。另一方面，启动金钱概念的个体会更加坚强，坚持完成目标，愿意追求自我目标的实现。所以，启动金钱概念的消费者不是以他人利益为中心，而是以自我利益为中心。当个体激活拥有心理时，如果产品表现一种所有权或拥有概念时，个体会与产品产生更多的连通性，对产品有更多的偏好（Mogilner & Aaker，2009）。同样，消费者选择品牌时，当品牌表现出能力时，这与消费者的自信、力量和效能相匹配，他们对这一类的品牌偏好程度会更高。在面对能力型品牌时，该品牌可以很好地体现其身份，更加适合自我利益为核心的需求，对其偏爱程度也会相应地增加。

富人（高社会地位群体）被认为是有能力的，而穷人（低社会地位群体）则被认为是缺乏能力的，这是因为高社会地位群体控制着大量的资源，随时可以获得想要的资源（一种自足状态），这往往被认为是一种能力的象征（Cuddy et al.，2008）。数钱能够使个体感知更强，然而花钱则让他们感知更弱（Zhou et al.，2009）。启动金钱缺乏概念的个体更愿意遵守社会规范而从众，更会考虑他人的利益。而热情型的品牌，代表着以他人为导向，其对这种品牌的需求偏好较弱。因此，启动金钱富裕概念的个体对能力型品牌的评价高，启动金钱缺乏概念的个体对热情型品牌的评价高。

金钱概念会影响个体的自信、能力以及力量等，进而影响了个体的行为决策，而个体的自信、能力以及力量等反映了个体在决策时的脆弱感。因此，启动金钱概念对品牌评价的影响主要是由于金钱概念影响了消费者的脆弱性。

早期脆弱性主要用来划分人群，主要指那些已受到伤害或被他人利用的人群，脆弱群体容易感受到脆弱（Smith & Cooper-Martin，1997）。顾客脆弱性起源于与市场互动的不平等或者营销信息和产品消费导致的一种缺乏权力感的状态（Baker et al.，2005），而且贝克（Baker et al.，2005）还认为个体特质（如自我概念）、个体状态（如悲伤）和外部环境（如被他人看不起）容易导致消费者变得脆弱。根据此视角，可以把顾客分为脆弱性顾客和非脆弱性顾客。

脆弱性可以是个体的一个心理变量，是一种无能为力感和恐惧感（Laufer & Gillespie，2004）。其实，任何人都有脆弱的一面（Pavia & Mason，2014），只要个体在生活中遇到困难就会感受到脆弱（Baker et al.，

2005)，当个体在消费时感到不能(如失去控制，无能为力)时，脆弱性就产生了，而当无力感消失时，个体的脆弱心理会不断减缓(Commuri & Ekici，2008)。因此，孔姆拉和埃基加(Commuri & Ekici，2008)认为脆弱性是消费者短暂的状态，比如消费者在某一时刻面临危险时，他会感到脆弱性，而当危险消除时，消费者就不存在脆弱性了。参照孔姆拉和埃基加(Commuri & Ekici，2008)的观点，可以认为脆弱性是消费者短暂的心理感知，是消费者面临某种消费选择时无能为力或失去控制的心理感知。

感知到资源资产缺乏会让个体产生脆弱性的感知(Lee et al.，1999)，尤其是当个体生活在贫困中，因为贫穷是缺乏控制的首要原因，贫穷的消费者在消费时会体验更多的脆弱感知(Baker et al.，2005)。史密斯和库珀马丁(Smith & Cooper-Martin，1997)认为，低收入者在消费时会感知到高脆弱性，而高收入者则感知到低脆弱性。所以，从群体脆弱性来看，贫穷消费者是高度脆弱的，富有的消费者是低度脆弱的。启动富有金钱概念，消费者感到自足，可以漠视他人存在，即减缓了消费者的脆弱性；启动缺乏金钱概念，消费者感到缺乏，有较低的效能感和控制感(Hansen et al.，2013)，面临着各种行为无能为力，脆弱心理产生。

一定的社会支持可以减少消费者的脆弱性(Pavia & Mason 2014)。很多消费者在脆弱时期会寻找社会支持，例如脆弱的消费者会使用商业服务作为社会支持的一种形式，贫穷、无家可归的个体会从避难所寻找社会支持，或者成为无家可归社区的一员进而分享社区资源。贫穷导致的脆弱性会让个体对现状感到不确定，对未来茫然(Baker et al.，2005)。感知到安全和归属可以降低消费者的脆弱性(Lee et al.，1999)。由金钱导致的脆弱性可以通过关系(通常是家庭和朋友关系)得到减缓(Pavia & Mason 2014)。感到脆弱的消费者会有一种情绪应对策略(Baker et al.，2005)。因此，启动金钱概念对品牌评价的影响是通过脆弱感的作用机制。

男性和女性在金钱概念中存在差异，在社会关系中女性比男性对信息更加敏感。女性更加偏好关系型的信息，而男性则偏好能力和地位型的信息，女性认为关系效能需求比个体效能更加重要，而男性则相反(王紫薇和涂平，2014）；相对于男性，女性更有可能记住某个故事中关系方面的内容，描绘生活上的事情时多的是涉及关系的内容（Nolen-Hoeksema & Aldao，2011）。这些差异基本上可以从生理和社会视角来看：从生理视角看，由于人类进化的差异，身体体格上的弱势让女性感知到脆弱要比男性多，女性在消费时会更加谨慎和购买风格更加温和（Laufer & Gillespie，2004），在对待他人上，更加友好，更加有兴趣与他人培养积极的人际关系，满足情感需求的欲望高于男性（Muscanell & Guadagno，2012）。从社会视角看，比起男性，女性在社会化过程中感知到更多的脆弱和危险，在面对攻击和犯罪时，女性比男性表达出更多的害怕和恐惧（Harris & Miller，2000）。而遇到危险或威胁时，女性要比男性更易形成关系联盟，对关系的需求更强烈（Benenson et al.，2011）。男性与女性使用社交网站的理由也不同，男性主要是约会和了解新事件，而女性则更多的是关系导向，希望在社交网站获得温暖、关心等（Muscanell & Guadagno，2012）。

　　启动金钱缺乏概念时，个体的自足感低下，做事情会感到无能为力以及控制感低，面对这些威胁，女性要比男性表现出更多的关系需求，对能满足关系需求的对象有更多的偏爱。启动金钱富裕概念，消费者表现自足，控制感强烈，男性与生俱来的能力需求将得到释放，其强烈程度要高于女性，那么对能象征其能力的能力型品牌的偏好程度也会高于女性。因此，启动金钱富裕概念，男性对能力型品牌的评价高于女性；启动金钱缺乏概念，女性对热情型品牌的评价高于男性。

3.2.4　金钱概念与炫耀品

　　炫耀性消费（conspicuous consumption）是制度经济学的创始人之一凡勃伦①（Veblen）在《有闲阶级论》一书中提出的概念。他指出，炫耀性消费行为通常由两种动机驱动，即歧视性对比（invidious conparison）和金钱竞赛

---

　　①　托斯丹·邦德·凡勃伦（Thorstein B Veblen，1857—1929），伟大的美国经济学巨匠、制度经济学鼻祖，代表作是《有闲阶级论》一书。

（pecuniary emulation）。歧视性对比是指财富水平较高的阶层为了将自己与财富水平较低的阶层区别开来，通过炫耀性消费行为向外界展示自己的财力和地位，从而达到"示差"的目的；金钱竞赛是指财富水平较低的阶层为了成为较高财富阶层的一员而竭尽财力模仿较高阶层的消费行为，以赢得来自外界的尊荣（凡勃伦，1964）。刘飞（2005）也提出，金钱竞赛很有可能是由于社会各阶层之间的界限变得越来越模糊，上层阶级所树立的圈内标准通过社会结构向下渗透。基于这种观点，李爱梅团队（2016）认为，启动金钱富裕感很有可能引发消费者的歧视性对比，从而增加向下比较的炫耀性消费行为；而启动金钱缺乏感则很有可能促发金钱竞赛，从而导致向上比较的炫耀性消费行为。

谢书然（2020）对此进行了实证，他用两个实验进行验证。在实验 1 中，启动金钱概念是向参与者展示人民币的图片，为了更好地激活参与者的金钱概念，该实验设置三组人民币图片，每组由不同面值的人民币堆叠组成，让参与者猜测大概数额，并选出最想拥有的一组。在控制组，给参与者展示三组风景图片，要求参与者写出每个景色所属的省份，并选择一个最想去的地方。炫耀性消费倾向的实验材料是耐克 T 恤，在商品图片展示的右侧用广告语来描述它的特点，突出产品的地位、品位、稀缺感等符号价值。实验结果是启动金钱概念会影响消费者的炫耀性消费，在金钱概念启动下，消费者的炫耀性消费倾向明显高于控制组，在商品中带有明显炫耀性符号的，人们的炫耀性倾向更高。

在我国特殊的文化环境下，消费者会受到多种因素的影响，如集体主义理念、好面子等。实验 2 采用同样的方法验证了自我建构水平对金钱概念影响的调节作用。结果发现关联型自我建构的消费者的炫耀性消费倾向低于独立型自我建构。依存型自我建构的消费者更在意自己在群体中他人的观点，依存型自我建构的大学生消费者常常把别人作为参照，关注与他人的关系以及自己的身份，对身边环境高度敏感，更愿意选择凸显自己身份和地位的服装，即炫耀性消费的外化动机更高。而独立型自我建构的大学生消费者追求自己的独立性和自主性，更加在意个人的独特性。

3.2.5 消费情景对金钱概念的干扰影响

金钱概念启动的研究与以往将金钱等同于成本的研究不同。在这些研究中，金钱被视为有效社会资源的象征，如地位、权力和信心。金钱概念启动促进个人力量的提升并获得一种自给自足的感觉。被金钱刺激的消费者倾向于坚持不懈地追求他们的个人目标，并且即使任务困难也很少向他人寻求帮助。当消费者将金钱视为一种社会资产时，花钱会产生积极的联想。例如，高价格可能会增加消费者对社会地位的认知，人们倾向于通过消费者拥有物品的金钱价值来判断他人的成功。因此，由于金钱等同于社会地位和权力，有钱的消费者很可能会对高质量/高价格的选择给予积极的评价。

这里产生的问题是，什么时候一组物体或事物的联想会对随后的行为产生更大的影响？根据心理启动效应的理论研究，当一个对象拥有多重关联时，这个对象所处的情境匹配是一个重要的调节因素。这说明，同一个构念引发不同的含义取决于被引发构念所存在的情景。例如，在古董店中启动"旧"的构念，是可以激活"旧＝贵"的联想，但是，如果在旧货店中启动相同的构念则激活了相反的联想，产生一种"旧＝便宜"的联想。同样，虽然金钱可以从经济价值和社会资源两个方面来解释，但金钱启动如何影响消费者的判断和选择可能取决于当时的决策背景。

当一种产品被认为是在私人场合消费的时候，在这种场合，消费者并不关心这个产品的社会代表性，他们往往把注意力集中在自己身上。然而，当产品消费是一种在他人看得见的情景中时，即公共消费，消费者会更加重视他人的观点，他们试图通过消费来提高自己的公共形象。如果消费决策取决于是更关注自己还是他人，那么金钱概念启动产生的相关关联应该会有所不同。例如，当消费者更加关注自己时，金钱作为成本属性更有可能被激活，因为他们关心的是自己经历支付痛苦的过程。很多研究也表明，当消费者为自己购买产品时，往往更关注成本。另一方面，当消费者非常在意他人的观点时，向他人表明他们的社会地位和能力会成为购买决策的重要考虑因素，这时，与金钱相关的社会价值很可能被激活。事实上，大量炫耀性消费的研究提供了这方面的实证证据，与私人消费相比，可见的公共消费的支出与社会认同之间的关联会更加紧密。

如果消费情境会对金钱启动的联想产生不同的影响，那么受到金钱刺激的消费者会对公共消费情境和私人消费情境下的选择产生不同的评价。这种评价主要涉及价格和质量之间的权衡。在私人消费情况下，金钱刺激会导致消费者关注成本。与私人消费情景不同，对于公共消费品的评价，受到金钱刺激的消费者会认为是一种有效的社会资源，导致他们关注金钱的社会作用。因此，对于私人消费产品的决策，金钱启动会让消费者对低成本/低质量选项拥有更强烈的偏好，而对于公共消费产品，金钱启动会让消费者对高质量/高价格选项拥有更强烈的偏好。

基姆（Kim，2017）用了三个实验来证明消费情境对金钱启动效应的调节作用。实验 1 和实验 2 选择啤酒作为目标产品。现实生活中，啤酒既被用作公共产品，也被用作私人产品。虽然消费者可以私下或公开饮用啤酒，但大多数人对啤酒的主要联想是与朋友或同事一起喝。30 名参与者进行的一项预测试也证实，人们在考虑啤酒消费时，通常会想象与他人一起喝酒（77%），然而，当要求详细说明他们可以联系到的所有消费场合时，60%的受访者不仅提到公共场合，还提到私人场合，例如在家喝啤酒。实验 1 为消费情境对金钱启动效应的调节作用提供了初步的支持，与已有消费者研究结果相矛盾，也就是说，消费者对属于公共消费的啤酒选择，金钱启动会增加他们对高质量—高价格啤酒的选择偏好。实验 2 则虚拟了一个私人消费情景，发现消费者在实验 1 中的消费偏好出现了反转，金钱启动的消费者会倾向于选择低质量—低价格的啤酒。

实验 3 使用了另一个常见的产品——咖啡，研究同样说明了消费情境对金钱启动效应的调节作用。另外，实验 3 还检验了这种影响的机制过程，对于公共消费情景，社交联想的数量中介了金钱启动对高质量—高价格咖啡的选择影响。对于私人消费情景，经济联想数量中介了金钱启动对低质量—低价格咖啡的选择影响。

3.3　金钱概念与消费者的人际关系

菲斯克（Fiske，1991，1992）的市场定价模型被认为是构成社会生活基础的四种关系模式之一。① 市场定价模型是随着货币的出现而出现，也是唯一一种在人类中发现的模式，包括对交易的输入和输出之间比率的最大化。因此，尽管出现了很多有关这方面的术语，但诸如经济心态、唯物主义心态和商业心态都可以被市场定价导向所囊括，因为这些理论都是假设人们主要关心自己结果的最大化。

例如，你需要用 150 元帮助朋友搬家。当得到这样的请求时，你会根据时间和金钱，权衡是否符合你的利益来评估这个请求，人际关系因素或社会因素将会退居次要地位。想象一下，你将得到比萨和啤酒，而比萨和啤酒的价值可能相当于 150 元（取决于你的胃口和饮酒偏好），但你还是会用不同方式评估提供"社交"服务。你不会使用金钱市场规范，而是根据社会规则和规范来作出决定，比如你非常喜欢这个人，你非常重视友谊，以及这是过去帮助过你的朋友等。但很多研究证明了金钱奖励将人们转移到金钱或社会市场，从而决定人们需要投入帮助他人的努力程度（Heyman & Ariely，2004）。在社会市场中，助人行为不能反映对金钱奖励的敏感性，但在货币市场中，人们的努力与金钱奖励的大小成正比。

市场定价模式（Fiske，1992）抓住了货币在社会领域的不同影响。例如，市场定价模式强调理性和公平贸易，不用考虑到亲密和情感联系。事实上，并非如此，市场定价模型实际上可以解释诸如减少帮助（Pfeffer & DeVoe，2009；Vohs et al.，2006），增加了自我和陌生人之间的物理距离（Vohs et al.，2006），对他人动机和需求缺乏敏感（Ma-Kellams & Blascovich，2013；Rick et al.，2011）等行为。在这种情况下，金钱可能会

---

① 社会关系模式是指导社会互动中动机、认知和行为的脚本。

将人们转移到一种更广泛的公共相冲突的市场定价模型中。市场定价导向也可以帮助理解金钱如何影响人际关系。

金钱是社会资源，提供有效的力量去操纵社会系统以满足个人利益，影响人们的社会心理。生活的意义很重要的一点是获得群体的认可，除了原始文化，金钱可以代替社会知名度。金钱或人际关系可以让人们从社会系统中获得他们想要的。在面对问题和需要满足需求时，金钱能使他们更自信，从而使他们可以更少关注他人的认可。

3.3.1　金钱概念与亲社会行为

亲社会行为(Pro-social Behavior)通常指对他人有益或对社会有积极影响的行为，包括分享、合作、助人、安慰、捐赠等(张文新，1999)。亲社会行为可以分为4种类型：

①利他性亲社会行为，主要涉及以他人利益为重，甚至还可能要付出一定代价的行为，包括英勇行为、帮助、捐赠和体力支持等；

②遵规与公益性亲社会行为，主要涉及遵守社会规则和关心公众利益的行为，包括利群体、拾物归还、体谅他人、遵守规则以及公德行为等；

③关系性亲社会行为主要涉及建立和维护社会交往中积极关系的行为，如关心他人、接纳、安慰、合作、分享以及发起友谊等；

④特质性亲社会行为，主要涉及反映个体自身优良品质的行为，比如宜人、讲义气、同情他人以及宽容等。

金钱概念启动会减少助人和捐赠等利他性亲社会行为。福斯团队(Vohs et al.，2006)通过3个实验发现，金钱概念启动使个体对他人的需求不敏感，助人意愿降低，助人行为减少。实验将参与者随机分为控制组和金钱组，使用混词组句任务分别对两组进行中性启动和金钱概念启动。启动任务结束后，询问参与者是否愿意帮助主试输入问卷并填写愿意输入的份数。结果发现，金钱组的参与者比控制组的参与者愿意输入的问卷数量更少。研究者又进一步推进了实验，验证参与者对即时的助人情境会表现出怎样的行为，结果与预期一致，金钱概念启动的参与者表现出较低程度的实际助人行为。同样，金钱概念启动的参与者也更不愿意为慈善事业贡献力量，慈善捐赠意愿以及实际的捐款金额都较低（Vohs et al.，2006；Liu et al.，2008）。

金钱概念启动会削弱遵规与公益性亲社会行为，个体可能会为了实现个人利益而损害他人或集体利益。库查基等人（Kouchaki et al.，2013）通过实验验证了金钱概念启动的个体更容易表现出不道德意向和行为。实验采用混词组句任务启动金钱概念，然后给参与者13个情境描述，例如："你在大学里担任一个部门的办公室助理。有一天你独自在办公室复印文件，突然想起自己家里的打印纸正好用完了。然后你就将办公室的一叠纸装在了你的背包里……"让参与者读这些情境并在7点量表上评估"你做出这样的行为的可能性有多大？"统计结果发现，金钱概念启动组做出不道德行为的倾向显著高于控制组参与者。虽然有研究者提出，金钱容易使个体为了得到个人利益而变得不诚实（Tang et al.，2008），但是从金钱组报告较高的不道德倾向中我们可以看到，他们对自己的不道德倾向和动机并没有因为社会赞许性而强烈掩饰。或许是因为他们认为为了个人利益而做出不道德行为是可以接受的，而且获得个人成功是必须的，所以牺牲他人的利益和公众的利益是无可厚非的（McCabe et al.，2006）。

金钱带来的不仅仅是物质独立，更有心理上的独立感和社交需求的下降，从而导致关系性亲社会行为减少。凯等人（Kay et al.，2004）发现，在实验室条件下让本科生接触与商业相关的物品（董事会议室、商务公文包、办公桌）就可以减少其合作行为。金钱带来的独立性也表现在个体对社会影响（social influence）的抵制上，即将社会影响视为对自主能力的威胁，在决策时倾向于作出与多数人相悖的选择；但是，在对自己来说不太重要的事情做决策时（比如替他人决策），受金钱概念启动的参与者表现出对社会影响漠不关心的态度（Liu et al.，2012）。福斯团队（Vohs et al.，2006）的实验发现，金钱概念启动的个体与他人保持了更远的身体距离，并且喜欢自娱自乐的活动，表现出较低的社交愿望。

3.3.2　金钱概念与消费者模仿行为

研究表明，模仿可以表现出一种对他人的好感，可以培养人与人之间的融洽关系，拉近人与人之间的关系（Chartrand & van Baaren，2009），但模仿也可以通过让人们感到威胁而导致不利的人际关系结果。金钱启动诱发了一种自给自足的状态，其特征是表现出两种倾向（Vohs et al.，2006，2008）。首先，人们在金钱刺激下急切地追求个人目标和自由，对困难的任务比其他人坚持更久，并且在寻求帮助时犹豫不决（Vohs et al.，2006）。其次，被金钱刺激的人往往表现出对别人漠不关心，他们渴望单独（而不是二人或集体）活动，对社会排斥表现出漠不关心（Vohs et al.，2006；Zhou et al.，2009）。当消费者被金钱刺激时，他们可能会得到两种结果：一种是消费者想起金钱会对模仿者产生不利影响，因为他们会感觉到自己的自主受到威胁（Brehm，1966）。另一种是消费者想起钱不会受到模仿的影响，因为他们对模仿者的行为反应迟钝。

哪种结果会占主导？刘及其团队（Liu et al.，2011）认为模仿具有明显的肯定性，那些抵制与他人相互依存的人也抵制他人的模仿行为。因此，与非模仿者相比，受到金钱刺激的消费者会感觉到模仿是一种对自我自由的威胁，会对模仿者产生更多的负面评价。刘及其团队（Liu et al.，2011）通过 2 个实验进行了证明，实验结果证实了他们的猜想，虽然模仿者通常会给人们带来积极的感觉，但如果消费者受到金钱刺激，他们对模仿互动伙伴的喜爱程度要低于对非模仿互动伙伴的喜爱程度，模仿行为会降低消费者对模仿者的好感。

3.3.3　金钱概念与消费者共情行为

周欣悦等人（Zhou et al.，2012）通过 6 个行为实验证明了金钱启动降低了消费者的社会疼痛感和生理疼痛感。金钱之所以能够镇痛源于金钱激活了自信感、力量感与效能感，降低了消费者对疼痛的敏感性，增强了消费者对生理疼痛的忍耐力，从而减轻了消费者的社会疼痛感与实际的身体疼痛感。她们进一步研究认为，金钱是一种衍生的止痛剂，是社会支持的一种替代品。当社会支持失效或不存在时，消费者会使用金钱来缓解疼痛，也就是说，社会支持是首要的疼痛缓冲器，而金钱是次要的疼痛缓冲器，之后有大量研究支持了这一观点。

金钱能够影响对疼痛的感知，但是金钱能否影响疼痛共情呢？

共情是一个社会认知过程，包括超越自己的感觉去考虑他人的感觉和需求。因为它涉及认识和满足他人的需求，所以它是亲社会行为的一个重要基石（Eisenberg & Miller，1987）。考虑到金钱刺激会减少人们对他人的依赖，并导致自我优先于他人，金钱可能会干扰消费者的共情。

间接的证据来自对婚姻伴侣之间经济分歧的研究。伴侣在支出方式上的差异越大，争论就越多。瑞克等人（Rick et al.，2011）的研究表明，提到金钱，人们可能很难欣赏他人的差异，对他人的共情减少。

金钱刺激减少共情的直接证据来自一项研究，在共情的准确性测试中，下层消费者优于上层消费者（Kraus et al.，2010）。换句话说，当高经济社会地位的消费者试图凭直觉判断别人的感觉时，并没有比低经济社会地位的消费者准确。另外根据金钱镇痛理论，金钱启动条件下，会降低消费者对生理疼痛的敏感性，而已有研究表明消费者对疼痛的敏感性会影响对他人的共情感知，疼痛阈限和痛觉耐受力的提高会导致情绪系统的暂时性关闭，使得消费者对情绪的敏感性降低，这种情绪敏感性的降低使得消费者不易对他人的不幸产生共情。不过，其中的影响机制是：试图理解他人的感受和准确地对待他人的感受并不是完全相关的，所以有钱可能会降低共情的准确性，而不是共情的动机。

在另一项研究中，启动金钱概念（与中立概念相比）的消费者对他人缺乏同情心（Molinsky et al.，2012；杨东等，2015），不过同情心的下降，只是当人们开始提供与经济相关的新闻时才会发生，因为相对于经济理性，他们认为同情心和情感的表示是不专业的。因此，这项研究表明，经济思维模式并不会导致人们成为冷冰冰的机器人或无情的怪物，相反，经济心态可能会导致人们使用一套特定的规范决定何时与他人互动。

　　另外，马克拉姆和布拉斯科维奇（MaKellams & Blascovich，2013）使用金钱奖励刺激研究消费者对共情的准确性判断。一方面，因为金钱奖励激励消费者轻松地参与活动，金钱奖励可以提高共情的准确性。另一方面，金钱奖励可能会激活一种心态，强调自我与他人分开，表明金钱刺激会降低共情的准确性。马克拉姆和布拉斯科维奇的实验结果支持了后一种预测：相对于那些没有获得金钱奖励的消费者，金钱奖励的消费者对共情准确性的判断比较差。

　　因此，多项实验研究表明，金钱刺激会破坏人们的共情行为。

3.3.4　金钱概念与消费者对他人影响的反应

　　金钱启动让消费者产生金钱概念，金钱概念导致抵抗行为以及一种由于社会影响引发的威胁感受。由于想到金钱引起自我满足状态，因而可以让消费者自由地追求个人目标，以及对他人的出现和行为变得冷淡。不过，自由地追求个人目标和对他人变得冷淡之间并没有交集，他们是平行关系，而不是先后关系。这是因为，金钱启动的自我满足理论包含两方面：一是金钱概念让消费者急切地追求个人目标，如做更多的工作，长时间坚持困难的任务；二是金钱概念让消费者的个人行为免受他人的影响，如，喜欢独自一人，对社会排斥，不敏感。因此，自由地追求个人目标和对他人变得冷淡不是一种先后关系，而是一种平行关系，相互之间并不会产生作用。

　　刘及其团队（Liu et al.，2012）通过 3 个实验验证金钱启动会对消费者受到他人的影响产生作用。实验 1，验证金钱概念是否会对消费者反抗他人的权威命令。实验表明，启动金钱概念，他人的权威命令在消费者产品选择中的影响力下降了，消费者选择他人推荐的产品的可能性变小。实验 2，金钱概念让消费者觉得他人的命令或观点是一种对自由的威胁，因此，在网上购物时，面对与没有效用价值的产品信息相比，启动金钱概念的消费者会更喜欢拥有负面评价的产品，对有正面评价的产品喜欢程度更低。实验 3，主要验证启动金钱概念的消费者会积极追求个人目标和保持个人行为不受他人的影响，并且认为追求个人目标比个人行为不受他人影响更重要。实验结果表明，启动金钱概念，消费者在为他人做选择时，不会受到其他人的影响，而在为自己做选择时，则会偏离他人的建议，以表明个体自主和自由的重要性。

3.4 金钱概念与自我控制

金钱可以作为自我控制的动机，特别涉及疼痛容忍时的自我控制需求。例如，给消费者金钱，让他们将手浸在冷水中（Baker & Kirsch，1991）或者待在越来越冷的房间（Johnson & Cabanac，1983），他们可以坚持的时间要比没有金钱刺激的消费者更长（Cabanac，1986）。穆拉文和斯莱萨列娃（Muraven & Slessareva，2003）用实验证明了这些猜测。实验结果表明，相对于给予一点点金钱奖励的消费者，给予大量现金奖励的消费者可以喝更多的酸性饮料，原因不是参与者喜欢酸性饮料，而是因为金钱的刺激减缓了他们的自我耗竭，从而可以更好地进行自我控制。同时，穆拉文和斯莱萨列娃（Muraven & Slessareva，2003）的实验也说明了金钱激励让消费者产生了强烈的行为动机，因为金钱缓冲了自我损耗，让他们可以付出更多的心理资源来完成其他行为。

布歇和科福斯（Boucher & Kofos，2013）发现金钱线索也可以缓冲自我耗竭，提升人们的自我控制水平。他们通过两个实验来证明。在实验 1 中，首先，他们通过使用复杂规则划掉"e"任务来耗尽参与者的自我控制资源，然后使用金钱刺激对参与者进行金钱启动，发现相对于中性组，启动金钱概念的参与者在 Stroop 任务①中的表现要更好。同样的，在实验 2 中，实

---

① Stroop 任务早在 1935 年由美国心理学家 John Riddly Stroop 发现。当命名用红墨水写成的有意义刺激（如"绿"）和无意义的刺激词的颜色时，会发现前者的颜色命名时间比后者长。这种同一刺激的颜色信息（红色）和词义信息（绿）相互发生干扰的现象就是著名的 Stroop 效应。从广泛意义来说，就是一个刺激的两个不同维度发生相互干扰的现象。

验前，一部分人通过抑制想法来耗尽自我控制资源，在这部分人中，启动金钱概念的参与者在字谜游戏中的表现要比中性参与者更好。另一部分人，实验前没有通过抑制想法耗尽自我控制资源，在这部分人中，是否启动金钱概念完成 Stroop 任务和字谜游戏的表现没有显著差异。这也说明启动金钱概念对自我控制水平的影响存在边界条件，这种影响只作用于自我控制资源耗尽的消费者。

这个研究非常有意思，仅仅金钱刺激就可以提升消费者的自我控制水平。以前也有研究者发现自我肯定（Schmeichel & Vohs，2009）、积极情感、自我意识（Alberts et al.，2011）或饮用一些葡萄糖（Gailliot et al.，2007）可以增加消费者的自我控制资源，可以改善自我耗竭消费者的行为表现。同样，这些研究只是发现了可以改善已经自我耗竭消费者的表现，而对非自我耗竭消费者没有影响。

这也说明另外一个问题，消费者的自我控制都有一个默认的基线水平，人们可以在这个水平上施加可接受的自我控制，例如，金钱刺激不会影响消费者的第一个自我控制任务难度，但是，有助于降低第二个自我控制任务的主观难度，以及消费者在完成任务时必须付出的努力。

3.5　金钱概念与消费者的解释水平

在生活中消费者是否能够掌控自己所处的环境会对消费认知和消费行为产生影响。人类的认知和处理方式可以不断调整以适应情境需求，消费者在目标追求中遇到情境问题或障碍可以培养他们拥有一种可以更注重细节、自下而上的低解释水平；而消费者在目标追求中遇到的良性情境则允许他们使用一种更为抽象、自上而下的高解释水平。例如，当事件处理得非常顺利时，消费者更容易关注该事件的整体目标；当事件处理出现麻烦，似乎需要花很大的努力去克服困难，消费者往往会在心理上"降档"，在更为具体的层面上认知该事件，关注具体细节和情境信息。

社会认知理论中，有一种反应消费者对事物认知的行为理论——解释水平理论。该理论强调个人对环境的感知和理解的重要性，其核心观点之一是人们对社会事件的反应取决于人们对事件的心理表征，而心理表征具有层次性。事件的某些特征更为核心，因为相比更为外围的特征，核心特征更具解释力。心理表征具有不同的抽象程度，这意味着人们在抽象过程中忽略那些被感知为不重要的特征而保留那些更为核心或重要的特征，因而抽象表征相比具体表征更为简单、明确和原型化。基于上述逻辑，解释水平理论认为人们解释世界的方式是有层次性的，并形成一个连续体，在理论上可以简化为高水平解释与低水平解释。高水平解释是去背景化的，更加简单、抽象、图示化，反映了事物的核心特征；而低水平解释是背景化的，更加复杂、具体、非图示化，反映了事物的表面特征。

例如，煮咖啡行为可以具体理解为磨咖啡，把咖啡豆放进咖啡机，按下咖啡机的开关，等等。行为链中的步骤代表了如何煮咖啡的具体方法。然而，煮咖啡行为还有另外一种理解，即煮咖啡可以抽象地表示为"喝一杯热饮"或"精力充沛"，这与前面行为要点是相对应的，并传达了对行为更为抽象的理解。这种抽象解释通常是对行为目标或最终状态（通过指明行为的执行结果）进行描述，而不是行为的具体手段。当实际环境对目标达成没有威胁时，他们对可能行为目标或最终状态有更好的理解。当然，不仅行为可以使用抽象方式进行解释或具体方式解释，人（包括自我）、物体、消费品和事件表征在其解释水平上也可能会有所不同。消费者解释水平的差异对他们的判断和决策会产生重大影响。

一系列的实验研究显示，作为情境因素的心理距离是最基本的决定因素，而时间距离、空间距离、社会距离、假设性都是心理距离的不同维度。以时间距离为例，当人们感知事件发生的时间距离较远时，人们倾向于使用更抽象的、一般性的、去背景化的、上位的表征来解释事件，即高水平解释；而当感知事件发生的时间距离较近时，人们倾向于使用更具体的、外围的、背景化的、下位的表征来解释事件，即低水平解释。

解释水平的另一些研究表明，相对安全或威胁的情境相关联信息，即使在环境信息中非常微妙，也会改变消费者对情境的评价，并对解释水平产生影响。这些表示安全与危险的环境信息可以是颜色、表情或者是简单与接近同回避有关的动作。例如，红色(相对于灰色)会使人们更关注具体的细节，而不是整体的刺激(Maier et al.，2008)。同样，布格尔和布莱斯(Burger & Bless，2011)发现微笑与皱眉会产生不同的解释水平，并对政治决策产生影响，是更多关注政治决策中抽象的理想主义还是更多关注具体的实用主义。重要的是，即使在没有引起意识体验的情况下(潜意识)，解释水平也会随着这些评价线索发生变化。由于某些环境线索会影响解释水平，而不会共同激发有意识的情感体验，因此研究者把这种线索称为"内隐"线索。

不过，在任何情况下，与挑战性情景相比，良性情景的信号让消费者产生更多的整体性、高水平的认知(高解释水平)，因为面对威胁或失败，需要更多的细节关注来掌握情景(低解释水平)。通过这些可以推理，如果消费者遇到或者拥有有助于克服潜在挑战的资源，他们应该是使用抽象的、不注重细节的处理方式进行消费决策。

考虑到金钱在我们生活中的重要性和显著性质，特别是在经济和消费环境中，启动金钱概念对消费者的心理会产生深远的影响。然而，前面提到，在不同的情况下，金钱概念让不同消费者联想到的金钱要么与个人实力有关，要么与成本和威胁有关。例如，消费者的财务状况可能会影响金钱启动产生的联想。当金钱缺乏时，他们必须仔细考虑哪些商品可以购买，哪些商品不能购买，这时消费者对金钱刺激产生的想法可能是疲软而不是信心。因此，周欣悦团队(Zhou et al.，2009)的实验研究发现，与控制条件下的参与者相比，花钱让消费者感到虚弱。也就是说，消费者对金钱的思考会让消费者感到强大或弱小，这取决于金钱启动产生的联想。由于金钱和财富是一个内隐信号，可以满足需求，这种信号刺激让消费者感到良性情境的存在，产生了更多的抽象解释，因此金钱启动的心理刺激(特别是大量金钱)有助于对行为和对象进行抽象解释。

汉森等人(Hansen et al.，2013)用了5个实验来验证启动金钱概念引发的这种认知效应。

实验 1 表明启动金钱概念导致消费者在行为识别①时更加偏好对抽象的行为识别，而不是具体的行为识别。

实验 2 表明启动金钱概念会促使消费者使用更广泛的类别，当与金钱相关的项目出现在清单中时，这些项目被分为更少和更广泛的类别，例如，与对照组相比，启动金钱概念的参与者将野营活动进行抽象理解，分类时更具包容性。这表明启动金钱概念提高了消费者抽象的解释水平。

实验 3 表明启动金钱概念让消费者采用了整体认知方式（相对于局部认知方式），易于对全局目标进行加工处理。

实验 4 表明，与对照组相比，启动金钱概念导致消费者对拥有核心属性好和边缘属性差的产品产生更强烈偏好，而对具有核心属性差和边缘属性好的产品没有强烈偏好。例如，收音机如果核心属性是积极效价，边缘属性是消极效价，那这个收音机为高解释水平产品。反之亦然，启动金钱概念增加消费者对产品的核心属性的喜爱（如声音好、时钟差的收音机），而不是对边缘属性的偏好（如声音差、时钟好的收音机）。

实验 5 表明启动金钱概念可以同化消费者品牌延伸的品牌信念。当品牌延伸属于高质量品牌时，相对于价格启动和中性启动，启动金钱概念的消费者对高质量品牌延伸的产品质量维度评价好于低质量品牌延伸的产品质量维度评价。

---

① 行为识别：一般用行为识别量表（Behavior Identification Form，BIF）完成，该量表由瓦拉赫和韦格纳（Vallacher & Wegner，1989）设计。原始量表由 25 个项目组成，每一个项目列出一个简短的行为，后接两个对行为的描述，一种描述是对该行为的高水平解释，表达了行为的目标，另一种描述则是对该行为的低水平解释，表达了行为的具体过程。

4 金钱概念与消费者独特性需求

近年来，我们都在热衷于谈论"中国梦"的实现，"中国梦"是实现国家富强、民族振兴、人民幸福的梦想，但归根结底是每个中国人的梦。人生如船，梦想是帆，每个人都有一个只属于自己的梦，获得自由、独立、全面发展是每个人中国梦的终极价值追求。而要实现中国梦，人们生活水平提高是很重要的支撑点。中国梦的实现也意味着一个新消费时代的到来。根据国家统计局的数据，2006 年我国城镇居民人均可支配收入为 11759 元，到了 2020 年为 32189 元，14 年间收入翻了 3 倍。随着国民人均收入水平的不断提高，随之而来的是差异化消费，人们在商品选择中会更加重视自己的个性化消费来体现与众不同的需求（张永强，2013）。财富增多，生活水平不断改善，影响了消费者的消费需求，那么消费者的金钱概念是否也会影响他们的独特性需求呢？

消费者的行为可以以金钱为终极目标，有了金钱可以得到所想和所需的东西，可以拥有更多物质的东西。社会经济学研究表明，如果经济紧张会导致消费者沮丧、身体状况变差或控制感低下，而拥有金钱则会提高消费者对结果的控制（Price et al.，2002），保护消费者不会受到生活中不幸或无法预见的事情的影响（Johnson & Krueger，2006）。缺乏金钱会使生活变差，而拥有金钱则让生活更美好（Vohs et al.，2006，2008）。但是金钱除了作为交换介质或存储价值外，消费者对金钱的心理（启动消费者的金钱概念）能够积极影响人们的思想、感情以及行为（Vohs et al.，2006，2008；Zhou et al.，2009；Liu et al.，2012）。研究者认为金钱象征着不同形式的资源（Vohs et al.，2006），如安全、自信、自由、权力以及社会资源等。根据自足理论，启动金钱概念会积极影响消费者的思维方式、行为选择以及偏好（Vohs et al.，2006，2008；Zhou et al.，2009；Quoidbach et al.，2010；Tong et al.，2013）。但是这些研究多数集中在人际关系或社会行为上（Tong et al.，2013）。所以我们以消费领域为研究背景，从金钱概念出发，考察启动金钱概念对消费者独立性需求的影响。根据自足理论，我们认为启动金钱概念会促使人们产生强烈的独特性需求，而这种影响的作用机制是金钱概念会影响消费者的社会关系，与他人产生一定的社交距离（Vohs et al.，2008；Liu et al.，2012）。

4.1　金钱启动与金钱概念

金钱会积极影响人们的行为，但多数研究者把金钱作为一个特殊的经济概念进行研究。福斯和他的研究团队（Vohs et al.，2006）认为这种经济领域的金钱术语可以作为一种金钱意识，而这种金钱意识可以通过心理启动技术来启动，例如通过金钱提示可以启动消费者的金钱概念。诸多金钱概念研究表明启动金钱概念能够彻底影响消费者对目标追求、工作、娱乐、消费以及人际关系的偏好（Vohs et al.，2006，2008）。

金钱概念会改变消费者的行为选择和偏好。启动金钱概念的消费者会减少求助和助人行为，更喜欢单独工作和娱乐，而且工作更努力（Vohs et al.，2006，2008）。周欣悦团队（Zhou et al.，2009）认为获得金钱可以减少由于社会排斥导致的压力感和社会苦恼感，而金钱损失或者花钱则有相反作用，会增加社会压力感和社会苦恼感。金钱概念也影响消费者对享受的偏好，与没有启动金钱概念的消费者进行比较，启动金钱概念的消费者花在品味巧克力上的时间更少，表现出对巧克力较弱的享受偏好（Quoidbach et al.，2010），而在面对实用品和消费品的选择时，启动金钱概念的消费者更倾向于选择实用品（Tong et al.，2013）。启动金钱概念的消费者会对权威建议产生一种逆反心理，与没有启动金钱概念的消费者比较，对负面评价的产品喜欢程度高，对积极评价的产品喜欢程度低，对推荐的商品购买可能性更小(Liu et al., 2012)。

　　启动金钱概念也会改变消费者的思维方式。刘和阿克(Liu & Aaker, 2008)在金钱提示对消费者捐赠行为的影响研究中发现，当提到金钱时，会激发消费者经济利益最大化的思维方式，消费者希望能准确地衡量出购买或消费所带来的价值，会更加认真地考虑捐赠行为能否让自己获得可测量的经济利益。莫吉尔纳和阿克(Mogilner & Aaker, 2009)研究发现，启动金钱概念的消费者更容易采用理性思维来思考问题，如启动金钱概念，消费者与产品的情感联系会更少，会更多地强调产品的实用效用，更多地想到冷冰冰的"交易"。汉森等人(Hansen et al., 2013)则研究发现启动金钱概念的消费者更易采用抽象心理解释思维来解释事物，对抽象行为有更多的偏好，更容易识别整体的视觉框架，对产品核心属性的偏爱更强烈，等等。

　　金钱概念对消费者行为或态度影响的理论基础主要是自足理论(self-sufficiently)，该理论假设金钱心理可以让消费者产生一种自给自足的状态，因为感到满足而导致行为的改变。周欣悦团队(Zhou et al., 2009)认为，启动金钱概念可以给消费者一种自足感是因为金钱可以作为一种社会资源，可以给消费者提供一种自信，认为任何问题都能解决，没有满足的需求都可以得到满足的，而正是这种自信，让消费者可以不在乎别人的看法或认可，因为金钱作为社会资源可以代替社会认可，可以很好地减少社会排斥对自我的影响，让消费者变得更强大。自足理论包含两个组成部分：一是启动金钱概念会让消费者急切地追求个人目标(如做更多的工作)，二是免受他人的影响(如喜欢单独活动)(Vohs et al., 2006)。刘及其团队(Liu et al.,2012)在研究金钱概念的社会影响时，针对自足理论所产生的两个影响作用提出了两个心理假设：漠不关心心理和逆反心理。漠不关心心理是指启动金钱概念的消费者很少受到他人的影响，喜欢单独活动，因此在受到社会影响时表现得很镇定。逆反心理是指启动金钱概念的消费者对个人目标追求的迫切性，金钱概念刺激了消费者自由的动机，消费者更有可能表现出社会影响对立面的行为。刘及其团队(Liu et al.,

2012)同时还认为自足理论描绘的两个作用会受到指向对象的影响，在存在社会影响(如权威命令)的情况下，如果是给自己做决策，启动金钱概念的消费者会产生更多的逆反心理；如果是给别人做决策，则会产生更多漠不关心心理。

4.2　独特性需求

消费者独特性需求源自斯奈德和弗罗金(Snyder & Fromkin，1977)提出的独特性理论，是消费者在感受到自身独特性受到威胁的情景下，与他人保持差别的需求。与之相对应的概念是从众性(低独特性需求)，是消费者希望迎合别人的期望，避免因为差异而受到惩罚或者是为了获得一种归属感(Imhoff & Erb，2008)。在个体感受到自身独特性受到威胁的情境下，会通过自我区别性行为来重新获得自尊和减少负面影响。独特性的表现形式和手段具有多样性，个体通过展示自己的拥有物、人际间互动风格或自身在某一领域拥有的知识专长等方式都能体现自身的独特性，但是，上述表现形式和手段有可能遭到社会规范的惩罚，因而找到一种既能体现和保持个体独特性，又不会招致严厉社会惩罚的途径就非常重要。因此，购买特定商品、向他人展示与众不同的特征及身份的消费行为就成了个体标新立异的表现形式。通过消费行为表达独特性是一种实现不同的存在感而又不破坏个人社会同化意识的安全方式。

消费者独特性表现为偏离他人的选择或观点，有两种形式：一是独立，是消费者按照自己的想法或态度而不是他人的态度进行选择或评价的行为，是消费者需要真实和自由的自我，敢于表达自我态度和信念，而漠视关注他人的意愿(Schlosser，2009)；二是反从众，是消费者通过表现与他人意愿的不一致来反抗社会的影响，通过表达自由、个性和独特性来与他人区别开来(Berger & Heath，2007)。例如，为了在餐馆里表现出与众不同，消费者常常选择与其他顾客不一样的菜品，即使说存在菜品不合胃口的风险(Ariely & Levav，2000)。

消费者独特性的独立反映了不会受到他人的影响，而反从众表现出的是自由以及个人目标的追求。根据金钱概念的自足理论，启动金钱概念会让消费者独立，追求自我目标以及消费者自由，免受他人影响，同时更有可能表现出社会影响对立面的行为（Liu et al.，2012）。例如，刘及其团队（Liu et al.，2011）在对金钱概念与对模仿者态度的研究中发现，启动金钱概念的消费者对模仿自己语言行为的人会产生一种负面形象，产生更多的消极情绪，因为这些消费者认为相似性是一种威胁，希望保持自己的独特形象。所以启动金钱概念，可以激发出消费者的独特性需求。

假设 4-1：启动金钱概念（很多的钱），消费者的独特性需求越强烈。

金钱概念可以作为消费者的一种资源富有的感知，增强自信心，感知到更有力量，处理事情的自我效能感更高。但汉森等人（Hansen et al.，2013）认为金钱概念表达的含义会调节这种效应，如果启动很少的金钱（如小面额的人民币），消费者会感到金钱缺乏，可能会让他联想到支出或成本，而不是资源富有的感知。杜克洛斯等人（Duclos et al.，2013）认为金钱概念可以提高消费者能够不依赖于他人就能很好地处理自我生活的能力，进而可以提升消费者的控制感，但是一旦让消费者体验到金钱缺乏则会降低自我效能感，增加了压力和困难的感知。所以消费者联想到金钱缺乏时的行为就与金钱富余时的行为有差异，联想到金钱缺乏的消费者比联想到金钱富余的消费者坚持困难任务的时间更短，更早求助他人（Vohs et al.，2006），在经济获益上表现出更多的道德行为（Gino & Pierce，2009）。考虑到独特性需求，我们认为让消费者联想到金钱缺乏，则独特性需求的强烈程度就没有联想到金钱富余的消费者那么高，相对表现出更多的从众行为。

假设 4-2：金钱的含义对假设 4-1 有调节作用，联想到金钱富余（很多的钱）的消费者比联想到金钱缺乏（很少的钱）的消费者会表现出更强烈的独特性需求。

4.3　社交距离的作用

　　金钱概念会影响消费者的社会关系。福斯团队(Vohs et al.，2006)认为，金钱不利于人际关系，高度重视金钱的消费者比起那些对金钱采用温和方式的消费者拥有较差的人际关系。根据自足理论，金钱代表一种社会资源，当消费者启动金钱概念，意味着可以拥有一定的社会资源，会导致消费者感知人际疏远(Mogilner & Aaker，2009)，因为金钱与效用相联系，对人际关系的意义较少，启动金钱概念会让消费者更少与他人交往。而根据刘及其团队(Liu et al.，2012)的漠不关心假设，启动金钱概念的消费者变得很强大，不愿意与他人保持亲密性(Vohs et al.，2008)，只会关注个人目标的实现而忽视别人的需求，如在对他人进行捐赠时捐赠得更少(Zhou et al.，2009)，而且更不愿意帮助他人以及获得他人的帮助。所以社交距离在金钱概念的影响中起到非常关键的心理作用。

　　社交距离是指在消费者之间缺乏联系或者是弱心理联结的认知状态(Hess，2002)。爱德华兹(Edwards，2009)从人际心理角度认为社交距离描述消费者怎样创造和控制行为来保持与他人的关系。琼斯(Jone，2004)认为，社交距离强调交互的亲密关系，主要由知觉者与目标之间感知相似性的程度所决定。特罗普等人(Trope et al.，2007)认为社交距离是心理距离(时间距离、空间距离、社交距离、确定性)中的一个维度，是指行为人在其心理空间中对事件的主观感知距离。

　　根据解释水平理论，解释水平可以分为高解释水平和低解释水平(Trope & Liberman，2010)。高解释水平是广阔的，给消费者心理带来更多的距离计算，会让消费者对事物产生更远的心理距离；而低解释水平是具体的，更细致的，会让消费者对事物产生更近的心理距离。例如，斯蒂芬等人(Stephan et al.，2010)认为礼貌是一种高解释水平刺激，当消费者与他人交流时感知对方很礼貌，产生的社交距离会更远。鲁比尼和克鲁格兰斯基(Rubini & Kruglanski，1997)的研究表明，如果调查员使用高解释水平的问题对受访者提问，那么受访者会认为面试官表现出不积极的融洽关系，会产生更远的社交距离。金钱概念是一种高解释水平刺激（Hansen et al.，2013），因为金钱是消费者现代生活中的核心概念，启动金钱概念可以帮助消费者克服潜在的威胁，处在一个温和的环境中，而温和的环境则让消费者产生抽象的、自上而下的思维和选择高解释水平的行为（Wegner & Vallacher，1989）。启动金钱概念的消费者会倾向于选择高解释水平的行为，在处理 Navon 任务时对整体目标的反应时间更短（Hansen et al.，2013）。福斯团队（Vohs et al.，2006）在对实验对象交谈时所坐的椅子距离进行研究发现，启动金钱概念的实验对象在交谈时所坐椅子的距离要比自然条件下的消费者的椅子距离远，启动金钱概念的消费者之间要保持一定的空间距离。周欣悦团队（Zhou et al.，2009）认为启动金钱概念的消费者更会关照自己，而对他人的关心就很少。所以金钱概念作为一种高解释水平的刺激，会让消费者产生更远的社交距离（Hansen et al.，2013）。

根据自足理论和解释水平理论，启动金钱概念的消费者会与他人保持较远的社交距离。莱杰伍德（Ledgerwood et al.，2010）在研究评价一致性和适应性时发现，当社交距离远的时候，消费者很少受到他人的影响，而是坚持自己的看法和价值观，表现出一致性会减少从众或是顺从行为；但是在社交距离近时，消费者容易受到情景的影响，其评价会灵活地吸收他人的观点，表现出灵活性，会增多从众行为或顺从行为。施洛瑟（Schlosser，2009）在电脑媒体进行交流情景下对消费者从众研究发现，在交流群体中展现视觉信息时，消费者会产生社交距离近的感知，更会赞同群体成员的看法和态度，而展示非视觉信息时，消费者则产生社交距离远的感知，会坚持自己的观点而不会从众。

假设 4-3：社交距离在金钱概念对独特性需求的影响中起到中介作用。

4.4 实验研究

4.4.1 金钱概念与消费者反从众行为

消费者的独特性需求的形式之一是反从众（Berger & Heath，2007），那么本实验的目的将是研究金钱概念启动对消费者反从众行为的影响，金钱概念的启动方法参照莫吉尔纳和阿克（Mogilner & Aaker，2009）的做法。

方法：实验采用组间设计（启动方式：金钱组 vs. 控制组），67 名在职 MBA 学生（男性 36 人，女性 31 人）被任意安排在其中的一组，年龄范围从 26 岁到 45 岁（M = 31.64，SD = 3.99）。参与者被告知要进行一次有关选择体验的学习，在实验组，他们将展示 20 个有关金钱和财富的词语，例如：财富、昂贵的、富裕的、金库、银行支票、亿万富翁、珠宝、金币等，为了能够更好地激发出金钱概念，要求参与者浏览完后从这些词语中选择几个组成一句话，并且要求记录下来。控制组则展示 20 个与金钱无关的词语，如瘦的、朋友、窗户、道歉、操场、茉莉花等，同样要求参与者浏览完后从这些词语中选择几个组成一句话。

启动任务完成后，告诉参与者通过该实验可以获得一个钥匙扣作为酬劳。然后通过图片向他们展示钥匙扣的品牌有两种，Allier 品牌和 Eiliar 品牌（都是虚构的品牌名称），这两个品牌的钥匙扣的价格、功能以及所用的生产材料都是一样的，而且还告知他们以前参与实验的消费者有 72% 的比例选择 Allier 品牌，28% 的比例选择 Eiliar 品牌。给了这些信息后，要求他们在这两个品牌中选择一个作为回报，并记录下来。选择任务完成后，接着测量他们的情绪，评价的困难程度（1 表示非常不困难，7 表示非常困难），感知产品性能程度（1 表示非常差，7 表示非常好）和实际收入情况。最后，根据参与者的选择分发酬劳（钥匙扣）。实验结果显示，没有参与者对该启动任务的目的有所怀疑。

数据分析：首先就金钱概念对独特性需求的影响进行分析，我们以实验条件为自变量、品牌选择为因变量进行二元 logistic 回归分析，结果显示启动金钱概念显著影响参与者的品牌选择（$X^2(1) = 4.21$，p<0.05）。在金钱启动组选择 Eiliar 品牌的比例（64.71% [22/34]）显著高于非金钱组选择 Eiliar 品牌的比例（39.39% [13/33]）（$X^2(1) = 4.30$，p<0.05）。这表明启动金钱概念，消费者会减少从众行为，增强了独特性需求。

另外，该独特性需求的选择并不能由情绪（Johnson & Krueger，2006）、产品绩效(Tong et al., 2013)、加工信息的难易度(Baumeister, 2002)以及实际收入来解释。因为金钱启动组和非金钱启动组参与者的情绪、感知产品绩效、处理信息的难易度以及实际收入没有差异。具体分析结果是,加工信息的难易度:$M_{金钱} = 4.50$ vs. $M_{控制} = 4.73$,$t(65) = 0.49$,$p > 0.05$);情绪:$M_{金钱} = 3.12$ vs. $M_{控制} = 3.27$,$t(65) = 0.73$,$p > 0.05$);感知产品绩效:$M_{金钱} = 4.29$ vs. $M_{控制} = 4.36$,$t(65) = 0.22$,$p > 0.05$);收入水平:$M_{金钱} = 4176$ vs. $M_{控制} = 4308$,$t(65) = 0.387$,$p > 0.05$)。

4.4.2 金钱概念与消费者创新性选择

本实验的主要目的是验证假设 4-2,金钱刺激将增加启动很少的金钱,我们认为启动很少的金钱不会像启动很多的金钱那样对参与者产生很强的金钱概念,而是产生很弱的金钱概念,因为启动很少的金钱让人们在特定环境里的需求不能得到很好地满足(Hansen et al., 2013)。另外,本实验也检验了独特性需求的另一个表现——创新性选择,是一种消费者会通过借助购买一些奇异的、新颖的或独特的产品来表现与他人风格的差异(Imhoff & Erb, 2008)。启动方法参照汉森等人(Hansen et al., 2013)的做法。实验材料是两款价格、做工材质都一样,唯独外形不一样的保温杯:A 款为普通形状,B 款独特形状,盖子上面有一个成 45 度角的提手。为了保证感知 B 款保温杯是独特的,预先对两款保温杯进行了前测,通过 34 名学生对这两种产品进行了独特性评价(1 为非常普通,7 为非常独特),结果显示 A 款与 B 款保温杯独特性有显著性差异($M_{A款} = 3.56$ vs. $M_{B款} = 5.91$,$t(33) = 6.76$,$p < 0.01$),表明 B 款比 A 款的独特更强。

方法:南昌某高校 211 名商学院的学生(男生 102 人,女生 109 人)参加实验,年龄从 18 岁到 24 岁($M = 20.22$,$SD = 1.61$)。实验采用组间设计(钱多组 vs. 钱少组 vs. 控制组),参与者被安排在任意一组。钱多组展示大面额的钞票,如百元钞票、数额大的支票;钱少组展示面额小的钞票,如 1 角钱的硬币、1 元钱的纸币等,所有这些货币都是人民币;控制组不展示任何东西。启动任务完成后,三组参与者进行一项表面上无关奖励选择的任务，告诉他们研究者准备考虑其他奖励而不是平时成绩作为研究的奖励。然后给他们展示 A 款和 B 款保温杯的图片，告诉他们这两款保温杯的价格、做工材质都一样，唯独外形不一样。然后要求参与者从这两款中选择自己最喜欢的一款作为回报。完成这些选择任务后，参与者还要求评价这次选择任务的感知风险（1 表示非常没有风险，7 表示非常有风险）、任务选择时的努力程度（1 表示非常不努力，7 表示非常努力）。

数据分析：跟假设 4-2 的一样，相对于控制组（47.44%［37/78］）（$X^2(1) = 7.44$，$p<0.01$）和小面额钞票启动组（50.82%［31/61］）（$X^2(1) = 4.81$，$p<0.05$），金钱启动组（大面额的钞票）参与者的独特性需求更高，选择独特性产品（B 款）的比例更高（69.44%［50/72］）。

另外，该独特性需求的选择不能用感知风险（Liang & He，2012）和加工资源来解释（Baumeister，2002）。因为金钱启动组参与者对产品的感知风险和加工资源与控制组、小面额钞票启动组无差异，感知风险（$M_{大面额}$ = 3.33 vs. $M_{控制}$ = 3.43，$t(148) = 0.45$，$p>0.05$；$M_{小面额}$ = 5.91，$t(131) = 6.76$，$p>0.05$）；努力程度（$M_{大面额}$ = 5.58 vs. $M_{控制}$ = 6.03，$t(148) = 6.76$，$p>0.05$；$M_{小面额}$ = 3.45，$t(131) = 0.56$，$p>0.05$）。

4.4.3 社交距离中介作用

本实验目的为检验社交距离是金钱概念对独特性需求的影响机制。独特性需求还是测量参与者的创新性选择。启动方法参照汉森等人（Hansen et al.，2013）的做法。实验材料采用饼干，市面上普通的饼干形状是圆形或方形的，本实验设计了独特的饼干形状，一种"囧"字形状的饼干。通过联系当地的饼干生产作坊，生产出"囧"字和圆形形状的两种饼干，这些饼干所用的材料都是一样的，饼干的分量也一样，每个净重 15 克。为了检验"囧"字饼干的独特性，同实验 2 一样进行了前测，29 名参与者对这两种产品进行了独特性评价（1 为非常普通，7 为非常独特），结果显示"囧"字与圆形饼干的独特性有显著性差异（$M_{"囧"字}$ = 4.10 vs. $M_{圆形}$ = 2.76，$t(28) = 4.22$，$p<0.01$）。

方法：98 名武汉某商学院的学生（男性 43 人，女性 55 人）参与了实验，年龄范围从 18 岁到 24 岁（M=20.26，SD=1.64），采用组间实验设计（金钱启动组 vs. 控制组），参与者被安排在任意一组。在金钱启动组，给参与者展示一张信用卡和一张现金照片，另外，为了更好地激发出金钱概念，要求参与者回答在购买时更喜欢用哪一种支付方式。在控制组，给参与者呈现一张收音机的图片和一张 CD 机的图片，同时要求参与者回答在这两种听歌设备中更喜欢哪一种方式听音乐。然后给参与者展示两种不同形状的饼干，允许他们选择一个饼干作为报酬并且要求记录所选择的形状，但必须等到实验结束后才能领取。接着测试他们与其他参与者的社交距离，社交距离采用琼斯（Jones，2004）的 7 点量表：我能与他们处理好关系；我与他们有共同之处；我与他们有相似的看法，Cronbach's a 为 0.86。最后，参与者领取饼干，实验结束。

数据分析：金钱启动组对独特性饼干的选择（74.07%［40/54］）与音乐控制组对独特性饼干的选择（50.00%［22/44］）有显著的差异（$\chi^2(1)=$6.05，$p<0.05$），启动金钱概念更能激发参与者的独特性需求。

社交距离的中介效应分析。金钱启动组的社交距离感知要比音乐控制组的社交距离感知更远（$M_{金钱}=4.94$，$M_{音乐}=3.72$，$t(96)=4.44$，$p<0.01$），金钱概念启动让消费者感知与他人的人际关系疏远了。社交距离的中介效应是按照赵及其团队（Zhao et al.，2010）提出的中介效应检验程序，参照海耶斯（Hayes，2013）提出的可以用 Bootstrap 方法进行检验，样本量选择为 5000，那么在 95% 置信区间下，社交距离中介效应的估计值为 0.87~3.36，检验的结果没有包含 0，说明中介效应明显，中介效应值为 1.89，$p<0.01$。而控制中介变量后金钱概念启动对独特性需求的影响结果不显著，影响结果估计值为-1.27~1.06，包含了 0，$p>0.05$，说明社交距离在金钱概念与独特性需求中的中介效应是唯一的。

4.5 结论与讨论

金钱在我们日常生活中常常存在争议，因为金钱可以反映世间的冷暖。但是金钱本身并没有善恶之分，金钱的善恶主要取决于消费者是如何看待和使用它(Tong et al., 2013)。金钱不仅是核算单位或交易媒介，它还蕴含丰富的心理和行为结果(Vohs et al., 2006, 2008)。虽然过去金钱概念研究主要集中在社会行为上，但我们的研究表明金钱概念同样会影响消费者的消费行为，通过金钱概念启动可以帮助消费者管理消费行为，可以明显地增加消费者对独特性的需求。实验 1 的研究表明启动金钱概念，消费者更会选择反从众行为来表明其独特性需求，而启动非金钱概念的控制组更多选择从众行为，而这种独特性需求是排除了情绪、产品绩效、评价难易度以及实际收入的影响；实验 2 研究了金钱意义的影响，当启动很少的金钱或小面额钞票时，消费者联想到的是成本、支出或是金钱的缺失(Hansen et al., 2013)，消费者的独特性需求没有明显提高，与启动大面额金钱的消费者进行比较会有更多的非创新性选择，但是数据分析显示与没有启动任何概念的控制组的选择没有差异($X^2(1)=0.04$, $p>0.05$)，同时实验数据表明启动大面额金钱的消费者会有更多的创新性选择，独特性需求高。实验 3 主要检验社交距离的中介效应，结果表明启动金钱概念主要是激发了消费者的社交距离，而社交距离远导致消费者寻求独特性的产品，有更多创新性选择。

研究表明启动金钱概念，消费者会产生更高的独特性需求。对于企业管理者来说，可以在产品包装、宣传图片以及广告上显示一些有关金钱概念的语言、词语以及图片等，消费者受到这些刺激可能会更容易接受这类产品的。研究还表明社交距离对消费者的独特性需求起关键作用，社会关系越疏远的人群，独特性需求越高，反之则独特性需求越低。

本次的三个实验研究也有一些局限或不完善的地方。三个实验研究检验了反从众和创新性选择的需求，但消费者独特性需求表现是多方面的，如施洛瑟(Schlosser, 2009)认为独特性还包含非流行性选择和类似性回避行为，那么启动金钱概念是否也会提高消费者的这些行为呢？还有金钱概念的问题，如实验 2 采用的金钱概念启动材料是百元大钞和一元、一角的人民币，没有很好地考虑钱多和钱少概念的界限。希望未来所有这些问题能够得到很好的解决。

5　金钱概念与消费者创造力

　　随着我国经济的快速发展，社会处在不断的变革中，人们面临的难题在内容或形式上不断地变化，人们不能依靠过去的经验有效率地解决这些难题，这需要创造性思维（陈辉辉等人，2013）。事实上，我们的社会非常重视创新，大学教育的课程设计倾向于学生创新能力的培养，企业希望员工产生更多的创新行为，甚至有些企业管理者希望通过顾客小组会议、意见领袖或者在线品牌社群等手段，从顾客那里获得创造性反馈（Marin et al.，2014）。由此，引发我们思考的问题是该如何提高消费者的创造力。

　　巴勒斯研究团队（Burroughs et al.，2011）在一次实验中给予正在进行创造思维培训的消费者一定的金钱奖励（如250美元），结果是该消费者的创造力有明显的提高。在企业管理实践中，管理者给予员工金钱激励也可以提高员工的创造力（徐希铮，2015）。由此可见，金钱与消费者的创造力存在一定的关系。另一方面，我们所处的社会经济得到了很大的发展，在日常生活中会经常面临大量的金钱刺激，如银行存款、中大奖的新闻报道等。已有研究表明，以金钱财富方式呈现的金钱线索会促使员工不愿意做"分外之事"，降低合作性，减少组织公民行为和亲社会行为（徐希铮，2015；Vohs et al.，2006），即不拥有金钱，只是金钱刺激，也会让消费者的行为发生变化。既然金钱刺激可以引发消费者行为变化，那么金钱刺激也有可能改变消费者的创造力。因此，我们不探讨金钱奖励或金钱本身与创造力的关系，而是探讨给予一些金钱线索，启动金钱概念，是否也会提高消费者的创造力。

5.1 创造力的影响因素

创造是一个认知过程，创造力是个体产生新颖、奇特且有实用价值的观点或产品的能力（Chrumbolo et al., 2014）。马林等人（Marin et al., 2014）定义创造力为具有原创的或新奇的想法、见解或解决方案，具体可以分为两种类型：聚合型创造力（即争取最好的想法，最有可能是"正确"的答案）和发散型创造力（即沿不同方向思考，重组大脑中的信息以产生创造性的思想）。戴维斯（Davis, 2009）认为消费者创造性思维有两层构成因素：促进因素和控制因素。促进因素包含知识和动机。控制因素包含问题发现、创意和评价，其中，创意是创造力的核心内容，包含一系列技能（例如流畅性、灵活性、独创性）。

研究表明，影响消费者创造力的因素非常多。在心理学上，创造力的影响因素研究主要集中在两个方面：环境因素和个体特征因素（Chirumbolo et al., 2014）。环境因素能够全面影响消费者创造力，微观环境到宏观的国家社会环境都会对消费者创造力产生影响。斯莱普兰等人（Sleplan et al., 2010）认为向消费者展示一个有形的照明灯泡会给消费者的洞察力产生积极影响，比如，白天如果打开房间里的电灯，有利于提高消费者的数学、语言和解决问题的能力。马林等人（Marin et al., 2014）认为向消费者展示隐喻图片或语言有利于提高消费者创造力，比如，给参与者展示隐喻"Thinking outside the box"（解放思想）可以增加其创新性产出。陈辉辉等（2013）认为消费者所处的物理环境整洁与否会对创造力产生影响，相对于整洁的物理环境，混乱的物理环境会让消费者采用直觉性思维，对问题的认知更加灵活，解决问题时更具有创造性。利伯曼等（Liberman et al., 2012）认为时间距离和空间距离对消费者创造力会产生影响，相对于近的时间或空间距离，处于远的时间或空间距离的消费者产生创意的流畅性和原创性要更好。另外，戈罗德尼琴科和罗兰（Gorodnichenko & Roland, 2011）从国家层面研究发现：个人主义文化的国家要比集体主义文化的国家更具有创造力。

个体特征因素(例如,认知模式、动机、需求以及情绪)会对创造力产生影响。奇伦博洛等(Chirumbolo et al.,2014)认为独立型消费者使用高差异思维模式,具有高个人主义和独特性动机,那么,他们要比采用低差异思维模式的集体型消费者有更多的创造性。戴维斯(Davi,2009)通过元分析发现,相对于中性和消极情绪的消费者,处在积极情绪的消费者更具有创造力。另外,低闭合需求消费者要比高闭合需求消费者有更多的创新表现,促进导向消费者要比预防聚焦消费者有更好的创意洞察力,产生更多的创意,对革新表现有更多的反应(Friedman & Förster,2001),有意识处理信息的消费者要比无意识处理信息的消费者更有创造性(Moreau & Dahl,2005)。

5.2 金钱概念与创造力的关系

消费者的行为可以以金钱为终极目标,有了金钱可以得到所想和所需,得以拥有更多物质性或非物质性的东西。拥有金钱让生活更美好,缺乏金钱会使生活变差。除了作为交换介质或存储价值外,金钱还可以是一种思想或观念,可以仅作为概念而存在(Vohs et al.,2006),是个体认知结构中对于金钱的整体认识(Tong et al.,2013)。

启动金钱概念会影响消费者的心理和行为。启动金钱概念的消费者对他人的需求不敏感,助人意愿降低,助人行为减少,喜欢单独工作且工作时更加努力(Vohs et al.,2006)。刘及其团队(Liu et al.,2012)认为金钱概念驱使消费者追求自由,努力实现个人目标,解决难题时不愿得到他人的帮助,更愿意凭自己的能力完成。启动金钱概念的消费者讨厌他人模仿自己,更愿意与他人保持一定的社交距离,并且对他人捐款的意愿下降(Lou et al.,2011)。福斯研究团队(Vohs et al.,2008)根据市场—价格模式(market-pricing mode)提出金钱概念就可以引发消费者的市场—价格思维模式,认为金钱概念会让消费者更多地关注收益和个人绩效(自主动机)。周欣悦等人(Zhou et al.,2012)认为金钱概念会让消费者更加独立自我,而且能够承受社会排斥带来的痛苦。马尤等(Maio et al.,2009)认为金钱概念会激活消费者的自我提升目标，同时会抑制人际关系导向的目标，让消费者变得更加独立和自由。

以上表明，启动金钱概念的消费者具有个人主义、不服从和自由意志特征，会更加强调目标成就。扎乔普卢等（Zachopoulou et al.，2009）认为，具有个人主义、不服从和自由意志特征的消费者创造力更强。劳等人（Lau et al.，2004）也认为不服从、做事出格的消费者比服从规范、小心谨慎的消费者更具有创造力。戈罗德尼琴科和罗兰（Gorodnichenko & Roland，2011）在比较消费者主义国家与集体主义国家的创新力时，发现消费者主义国家创新力强是因为强调自由、成就以及社会地位，而集体主义国家强调的是人际和谐和遵守，创新力相对弱一点。由此可见，那些强调自由和目标成就的消费者在一些重要的发现、创新或者伟大的艺术方面要做得更好。另外，一些研究也直接表明金钱概念有利于提高消费者的创新能力。例如，启动金钱概念的消费者更易产生一些新奇独特的想法，汉森等人（Hansen et al.，2013）认为启动金钱概念可以提高消费者的认知灵活性，寻找不同事物间的共同点时变得更加灵活。总之，金钱概念可以让消费者不在乎人际和谐和规范遵守，变得更加关注个人自由以及成就。因此，我们认为启动金钱概念可以提高消费者的创造力。

假设5-1：启动金钱概念可以提高消费者的创造力。

5.3 创新自我效能

蒂尔尼和花幂（Tierney & Farme，2002，2011）认为外在环境刺激对消费者创造力的影响往往受到消费者自我效能的中介作用。自我效能是指个体对自己能力的整体知觉，对自身能否利用所拥有的技能去完成某项任务或问题的自信程度，以及是否相信自己能够在特定情景中恰当而有效地做出行为表现。在一般自我效能感基础上，蒂尔尼和花幂（Tierney & Farme，2002）进一步划分出创新自我效能是一种消费者对自己具备创新能力的信心或信念。

创造性绩效需要一些特别的技能和信心，研究表明创新自我效能对创造力有显著的影响。自我效能会影响消费者从事某种行为的动机和能力，蒂尔尼和花幂(Tierney & Farme，2002)认为对特定任务的追求以及强烈的自我效能感是创新能力和发现新知识的必要条件。高创新自我效能的消费者对要完成任务或困难的能力充满自信和兴趣，对与任务或困难相关的信息更加敏感，会主动去寻找解决问题的方法(周浩和龙立荣，2011)。另外，高创新自我效能的消费者在面临困难、挫折、失败时会有更多的坚持，不会轻言放弃，有更多的创新表现(张勇和龙立荣，2011)。

自我效能发展模型指出自我效能的形成来源于个人和环境，个人和环境所拥有或者能够提供的资源是评价自我效能的根据(张勇和龙立荣，2011)，即消费者感知到拥有的资源是其获得自我效能的根据。金钱可以是不同类型资源的象征(Hansen et al.，2013)，如安全、自信、自由、权力等。启动金钱概念可以让消费者获得拥有资源的感知，处于一种与个人特质无关的自足状态(Vohs et al.，2006)，进而引发消费者的各种行为。周欣悦等人(Zhou et al.，2009)提出金钱可以视为一种社会资源，拥有该社会资源可以增强力量，同样启动金钱概念的消费者会感知到拥有这种社会资源，进而可以替代社会支持，变得更加独立，更好地忍受社会排斥，更能坚持困难任务。金钱概念可以提高消费者满足各方面需求的能力和控制力(Liu et al.，2012)，提高消费者为目标所付出的努力程度以及面对困难的持久力(Hansen et al.，2013)。因此，我们在此基础上进一步指出，金钱概念可以让消费者在完成某项任务时获得某种自信程度，获得强烈的创新自我效能感，从而提高创造力。

假设 5-2：创新自我效能感在金钱概念对创造力的影响中起中介作用。

5.4 实验研究

5.4.1 金钱概念对创造力的促进作用

实验概述和方法：实验目的是检验金钱启动对消费者创造力的促进作

用。金钱启动的方法比较多,可以是金钱图片启动,也可以是金钱词语启动(Vohs et al.,2006)。以往金钱概念研究文献,启动方式一般采用金钱图片或金钱实物,因此,本次实验将采用金钱图片启动参与者的金钱概念。消费者创造力测量则借助德德鲁等人(De Dreu et al.,2008)的方法,要求参与者给学校教学提供建议和意见。

实验采用单因素组间设计(金钱组 vs. 控制组),112 名武汉某高校商学院三年级本科生参加了该实验(男生 34 人,女生 78 人,平均年龄为21.19 岁),他们被任意安排在其中一组。首先,给参与者展现一些图片,在金钱启动组,展现 10 幅金钱图片,如百元大钞、支票等;控制组则展现10 幅中性图片,如鲜花、树木等。接着,测量参与者的创新表现,告知参与者学校这几年的招生非常好,学生数量增多,这给学校的教学质量带来了压力,尤其是一些基础课程(语文、数学和英语),"这些你们也经历过,那么,你们面对基础课教学质量问题,对于如何提高课程的教学质量,有什么样建议和解决方法"。给予参与者 8 分钟的时间,要求他们把这些建议或解决方法写下来。然后,要求参与者报告年龄和性别。最后表示感谢。

参与者的创造力水平:按照德德鲁等人(De Dreu et al.,2008)的要求,需要把参与者产生的创意、解决方法和建议进行编码,转换可以比较的指标值。创意有四个维度:创意的流畅性、原创性、认知灵活性和坚持程度。不过,陈辉辉等(2013)认为前面三个维度能很好地反映消费者的创造力水平。因此,本研究只测量创意的流畅性、原创性、认知灵活性。首先,创意流畅性指标,以独特创意的数量来反映。其次,创意的原创性指标,邀请三位专家(1 名教育学和 2 名心理学博士)对每一个独特创意的原创性进行评价,根据原创性的特征——罕见的、革新的和新颖的进行打分(1 = 非常没有原创性,7 = 非常有原创性),统计结果表明评分者之间的评分共识是令人满意的,组内相关系数(Intraclass Correlation Coefficien,ICC)为 0.81,我们聚合所有评分者的评分作为原创性的指标。最后,认知灵活性指标,主要测量参与者创意所指向的方向,根据德德鲁等人(De Dreu et al.，2008）设定的类别，把创意方向分为 7 个方面：校园环境、校园设施、学生质量、教学资料、教师、政策以及其他方面。如果参与者产生的创意包含这些的类别越多，表明认知灵活性越高。三位专家对每个创意进行归类，统计结果表明三位专家评分的组内相关系数 ICC = 0.82，专家之间的评分是一致的，同样，我们聚合所有评分者的评分作为认知灵活性的指标。

结果分析：以单因素方差分析法分析金钱启动组与控制组的创造力差异。在创意数量上，金钱启动组所产生的创意数量（$M_{金钱启动组}$ = 4.54，SD = 1.56）要多于控制组（$M_{控制组}$ = 2.61，SD = 1.02），$F(1, 110)$ = 59.89，P<0.01。在创意的原创性上，金钱启动组的原创性得分（$M_{金钱启动组}$ = 4.62，SD = 0.98）明显高于控制组（$M_{控制组}$ = 3.38，SD = 1.59），$F(1, 110)$ = 2.57，P < 0.01。在认知灵活性上，金钱启动组解决问题的创意广度（$M_{金钱启动组}$ = 4.31，SD = 1.14）要高于控制组（$M_{控制组}$ = 3.50，SD = 1.70），$F(1, 110)$ = 8.74，P<0.01。

本实验表明，启动金钱概念的消费者的创新表现要好于控制组，在解决问题时能够想到更多与众不同的方法，验证了假设 5-1 提出的金钱概念让消费者在创新数量、原创性和认知灵活性上的表现更好。接下来将在下一个实验中验证金钱概念对创造力的影响机制。

5.4.2 创新自我效能的中介作用

实验概述和方法：实验目的是检验创新自我效能在金钱概念对创造力的影响中起中介作用。金钱概念启动参照汉森等人（Hansen et al.，2013）的方法，以金钱图片启动参与者的金钱概念。消费者创造力通过远程联想测试题（the Remote Associates Test，RAT）进行测量，探测远程想法之间的关系，评估消费者产生最好（正确）想法的能力（例如，给出 3 个高度相关的词汇：花、朋友和跟踪，要求参与者选择出目标词汇：女孩），测试题目来源于鲍登和荣比曼（Bowden & Jung-Beeman，2003）的联想词汇库，本实验选择出难易适中且适合中国国情的 10 组词汇。

采用单因素组间设计(金钱组 vs. 控制组),邀请 108 名江西某大学管理学院本科生(男生 53 人,女生 55 人,平均年龄为 20. 71 岁)参加这次实验,随机把参与者安排在任意一组。首先,在金钱启动组,根据汉森等人(Hansen et al.,2013)的金钱启动方法,给参与者展示一张信用卡图片和一张现金图片,为了更好地启动金钱概念,要求他们回答在消费支付时会选择哪一种;在控制组,给参与者呈现一张收音机的图片和一张 CD 机的图片,要求他们回答在用这两种设备听歌时更喜欢哪一种。接着要求参与者完成自我效能感测试,自我效能感问卷参照蒂尔尼和花幂(Tierney & Farme,2011)的测量方法,共 3 个测项(测项示例:我对能够创造性地解决问题非常有信心,Cronbach's a = 0. 79)。然后给参与者呈现 RAT 测试题以及完成测试题的方法说明,参考马琳等人(Marin et al.,2013)实验时的时间要求,要求参与者完成测试题的时间控制在 2. 5 分钟内,事后根据鲍登和荣比曼(Bowden & Jung-Beeman,2003)拟定的答案,每个测试题回答正确记 1 分,错误不扣分。主要任务完成后,本实验还测试了参与者对这次任务的努力程度(1 表示非常不努力,7 表示非常努力),感知到的困难程度(1 表示非常不困难,7 表示非常困难),以及完成任务时的情绪(积极和消极情绪量表(Watson et al.,1988))。最后,要求参与者报告年龄、性别。

结果分析:单因素方差分析显示金钱启动组与控制组的创造力有显著的差异,金钱启动组的创造力水平($M_{金钱启动组}$ = 7. 46,SD = 2. 12)要显著高于控制组($M_{控制组}$ = 6. 18,SD = 2. 22),$F(1,106)$ = 9. 39,$p<0. 01$。表明金钱概念有利于提高消费者创造力。实验过程中,金钱启动组的情绪、努力程度以及感知到的困难程度与控制组没有显著差异,积极情绪($M_{金钱启动组}$ = 4. 87,SD = 1. 29;$M_{控制组}$ = 4. 62,SD = 1. 28),$F(1,106)$ = 1. 01,$p>0. 05$。消极情绪($M_{金钱启动组}$ = 2. 01,SD = 1. 44;$M_{控制组}$ = 2. 40,SD = 1. 47),$F(1,106)$ = 1. 95,$p>0. 05$。努力程度($M_{金钱启动组}$ = 5. 88,SD = 1. 58;$M_{控制组}$ = 5. 93,SD = 1. 59),$F(1,106)$ = 0. 02,$p> 0. 05$。感知困难程度($M_{金钱启动组}$ = 1. 98,SD = 0. 89;$M_{控制组}$ = 2. 43,SD = 1. 76),$F(1,$

106)= 2.72，p>0.05。但是，这两组在 RAT 测试中表现出的自我效能感有显著差异，金钱启动组的自我效能感($M_{金钱启动组}$ = 4.83，SD = 1.13)要显著高于控制组($M_{控制组}$ = 4.25，SD = 2.22)，$F(1，106)$= 0.89，p< 0.01。

接下来对自我效能感进行中介效应检验，以积极情绪、消极情绪、感知困难程度以及努力程度为控制变量，参照赵及其团队(Zhao et al.，2010)提出的中介效应检验程序和海斯(Hayes，2013)提出的用 Bootstrap 检验中介效应的方法对自我效能感的中介效应进行检验。这次检验选择的样本量为 5000，在 95% 置信区间下，自我效能中介效应的估计值 0.15~0.85，检验的结果没有包含 0，p< 0.01，说明中介效应明显，中介效应值为 0.44。控制中介变量后金钱概念对创造力的影响不显著，估计值为 −0.26~1.16，包含了 0，p>0.05，说明自我效能感在金钱概念对创造力影响中的中介效应是唯一的，完全中介金钱概念对创造力的影响作用。

5.4.3 金钱概念与新产品偏好

实验概述和方法：创造力包含革新和新奇的构念，创造力与创新精神、寻求创新是高度相关的，那么，在消费者领域，顾客的创造力水平越高就越容易接受新产品(陈辉辉等，2013)；塔内夫和弗雷德里克森(Taney & Frederiksen，2014)也同样认为顾客的创造力是接受新产品的一个关键因素。金钱概念有利于提高顾客的创造力，由此可以推论，金钱概念也有利于提高顾客接受新产品的意向。因此，本次实验目的是检验金钱概念对新产品偏好的影响。

金钱概念启动采用金钱词语启动方法。选用啤酒为实验产品，主要基于以下考虑：第一，啤酒属于大众消费，基本上每个人都消费过啤酒；第二，可以控制产品享乐性/实用性对金钱心理的影响(Tong et al.，2014)。赵占波等(2009)研究产品享乐性和实用性属性时，对啤酒的测定是：啤酒享乐性的均值为 4.26(7 点量表)，实用性的均值为 3.90，两者无显著性的差异，认为啤酒是比较中性的产品，既不偏向享乐产品也不偏向实用产品。

实验采用单因素组间设计(金钱组 vs. 控制组 vs. 自然组),190 名南昌某高校在职研究生参加了该实验(男生 106 人,女生 84 人,平均年龄为 31.25 岁),随机把参与者安排在其中一组。首先,在实验组,向参与者展示 20 个与金钱或财富有关的词语,例如财富、昂贵、富裕、金库、银行支票、亿万富翁、珠宝、金币等,为了能够更好地激发出金钱概念,要求参与者浏览完后从这些词语中选择几个组成一句话,并且要求记录下来;控制组则展示 20 个与金钱无关的词语,如瘦小、朋友、窗户、道歉、操场、茉莉花等,同样要求参与者浏览完后从这些词语中选择几个组成一句话;自然组不展示任何东西。

接着给参与者介绍一段背景材料:

"乌苏啤酒是一家老字号品牌啤酒,有 50 多年历史,其生产的 8 度纯生啤酒广受消费者的欢迎,现在企业为了丰富产品线,准备向市场推出一种新产品——6 度冰纯啤酒,价格和容量与小麦啤酒一样。"

然后向参与者展示这两种产品的图片,为了使新产品看起来更加新奇,我们向参与者展示的新产品包装是西班牙设计师特萨伯(Txaber)设计的如酒色的啤酒瓶,而老产品则是常见的青色啤酒瓶。要求参与者回答,"假定你现在需要购买啤酒,那么你会选择购买老产品纯生啤酒还是购买新产品冰纯啤酒"。选择完后要求参与者评价产品的新奇性(7 点量表,1 表示 8 度啤酒更新奇,7 表示 6 度啤酒更新奇)、产品的实用性/享乐性(7 点量表,1 表示实用性产品,7 表示享乐性产品)。最后,要求参与者报告年龄、性别和收入水平。

结果分析:数据分析显示这三组参与者的收入水平无显著差异:$M_{控制组} = 5344.19$,$M_{自然组} = 4982.76$,$M_{金钱启动组} = 5142.86$,$F(2, 187) = 1.51$,$p > 0.05$。

接着对产品的实用性/享乐性进行分析,数据分析显示这三组感知到的产品实用性/享乐性无显著差异:$M_{控制组} = 4.19$,$SD = 1.61$;$M_{自然组} = 4.28$,$SD = 1.35$;$M_{金钱启动组} = 4.23$,$SD = 1.74$,$F(2, 187) = 0.04$,$p > 0.05$,而且全体参与者感知到的均值为 4.23,与赵占波等(2009)所测量的均值 4.26(享乐性)和 3.90(实用性)很接近,可以认为啤酒是中性产品。

然后三组参与者感知产品的新奇性无显著差异:$M_{控制组} = 5.55$,$SD = 1.75$;$M_{自然组} = 5.14$,$SD = 1.39$;$M_{金钱启动组} = 5.31$,$SD = 1.42$,$F(2, 187) = 1.09$,$p > 0.05$,但是参与者全体所感受的新奇性分值要远远高于测量的中值(7 点量表的中值为 4,$t(190) = 12.04$,$p < 0.05$),即 6 度啤酒比 8 度啤酒更具有新奇性。

最后,实验组接受新产品的比例(77.14%[54/70])要显著高于控制组(58.06%[36/62])($X^2(1) = 5.52$,$p < 0.05$)和自然组(58.62%[34/68])($X^2(1) = 5.06$,$p < 0.05$),但是控制组与自然组无显著差异($X^2(1) = 0.00$,$p > 0.05$),说明相对于控制组和自然组,启动金钱概念的参与者更愿意选择新产品。

5.5 结论与讨论

启动金钱概念可以提高消费者的创造力,创新自我效能在该影响中起中介作用。实验 1 研究表明,相对于控制组,金钱概念启动组产生的创意数量、创意的原创性以及灵活性要更多且更好。实验 2 研究表明,金钱概念启动组在 RAT 测试中的表现要比控制组更好,同时也验证了创新自我效能在金钱概念对创造力的影响中起中介作用。实验 3 是金钱概念影响创造力的推论验证,实验表明启动金钱概念的参与者更容易接受企业开发的新产品。

本次实验研究具有重要的理论意义:

第一,本研究拓展了金钱与创造力关系的研究。早期研究表明,消费者创造力会受到金钱奖励的影响,企业的金钱奖励或激励可以明显地提高员工的创造力(Burroughs et al.,2011;徐希铮,2015)。本研究则在此基础上进一步延伸到金钱心理对创造力的影响作用,结果表明,是否拥有金钱并不重要,启动金钱概念同样可以提高消费者的创造力。

第二,本研究拓展了金钱概念对消费者行为的研究,以前金钱概念的研究主要集中在社会关系上，诸多研究表明金钱概念会降低消费者的亲社会行为，包括分享、合作、助人、安慰、捐赠等。本研究则关注了金钱概念对自我行为的影响，福斯研究团队（Vohs et al., 2006）在提出金钱概念的时候就曾经验证了金钱概念对自我目标的实现有促进作用，表现出做事情的时候有更好的坚持力和忍耐性。本研究进一步验证了金钱概念对消费者其他方面的影响，金钱概念会提高消费者的认知灵活性，解决问题的时候更有想法，更有原创性，更能够接受企业推出的新产品。

第三，在自足理论的基础上，本研究为金钱概念对创造力的影响提供了解释机制。早期的研究都表明消费者的创新自我效能是创造力的前置变量。本研究也同样验证了自我效能的中介作用，启动金钱概念后，面对需要解决的难题，消费者有更高的自我效能感，进而更有想法且认知更加灵活。

第四，在金钱概念与创造力的基础上，本研究进一步推论金钱概念可以提高消费者对新产品的接受程度。前面第4章的研究认为启动金钱概念的消费者更愿意选择独特性的产品，这是从消费者外在需求解释这种影响认为启动金钱概念的消费者之所以会选择独特的、新奇的产品是因为社会距离的中介作用。本研究则从另一个视角解释该作用，认为金钱概念对消费者接受新产品意愿的影响是受到内在自我——自我效能的作用。

本研究也具有重要的实践价值：

首先，创新就是企业的竞争力，企业要获得产品创新得依赖于研发人员，需要不断提高这些人员的研发水平，虽然有文献表明金钱奖励可以提高企业研究人员的创造力（Marin et al., 2014），但是，本研究的结果提供了更加简单快捷的方法，企业可以采用金钱概念启动的方法提高员工的创造力。其次，现在的消费者对参与价值共创和新产品开发的兴趣越来越高，很多企业管理者已开始通过焦点小组测试、领先用户倡议和网上品牌社群等方式努力地搜集消费者的创新理念和创新价值（Marin et al., 2014），本研究可以直接应用于这些实践，企业管理者可以在这些组织群体中通过金钱刺激或暗示启动他们的金钱心理，提高他们解决问题的自我效能感，进而激发出更多、更好的创意。最后，创造力强的消费者，其对新产品的接受程度更高(赵占波等，2009)，企业管理者也可以利用我们研究的结论进行新产品推广，企业新产品推广时可以在产品包装、宣传图片以及广告上显示一些与金钱概念相关的语言以及图片等，消费者受到这些刺激可能会更容易接受宣传的新产品。

　　不过，本研究存在一定的局限性，希望未来的研究能够不断完善。首先是金钱启动方式问题，金钱影像或提示金钱问题、回忆或朗读与金钱相关的故事是常用的启动方式，但是汉森等(Hansen et al.，2013)认为采用金钱刺激时所使用的金钱数量会影响消费者的自足感，他们还认为数量大的金钱提示可以启动消费者的自足感，但是数量少的金钱刺激则会启动消费者的匮乏感。本研究采用的金钱暗示是大额量的提示，启动的金钱概念明显提高了消费者的创造力，那么，如果采用数额小的金钱提示(如1元人民币)所启动的金钱概念则会让消费者感到匮乏，那就有可能会降低其创新能力水平，而不是提高。其次，实验1和2中的消费者创造力是本研究的结果变量，测量采用的是RAT和发散性创造力测试，如果这两种创造力测试可以应用到新产品开发中，企业应该是非常感兴趣的，也将会为企业开发新产品提供一条更加有效的途径。

6　金钱概念与消费者的冲动购买

改革开放 40 多年来，我国经济得到了快速发展，人民的收入水平不断提高，获得的财富也越来越多，生活质量得到了较大改善，以前属于富人的专属物——珠宝、黄金以及钻石等已逐步走进寻常人的生活，成为大众消费。为了吸引顾客的关注，一些商店开始喜欢用黄金来装饰店铺，例如，2013 年，广州广百黄金珠宝大厦修建了一条由 252 块金砖（总价值近亿元）组成的黄金大道，山东省滨州的一家商店用一吨重的金条在自家门前铺了一条黄金路；2012 年，郑州一家商店用 300 公斤黄金打造了一条黄金大道，武汉世贸广场一商铺用 200 公斤黄金打造一段黄金路，昆明一新开业的黄金会所用 300 块金砖铺了一条长约 20 米的黄金大道。

商店使用黄金来装饰店铺，把商店变得富丽堂皇的。莫汉团队（Mohan et al.，2013）的研究表明，良好的商店装修布局会增加消费者的冲动购买，有利于增加销量。但是金子是一种比较特殊的商品，可以是消费者金钱财富的象征，那么，这是否会给消费者带来其他的影响呢？心理学研究发现，环境的细微暗示会启动或激活消费者没有意识到的目标（Walsh，2014）。当消费者走进商场，面对大量的金钱财富刺激时，会无意识地激发出金钱概念，如自信、坚强、自足等，导致他们选择偏好或行为发生变化，如捐款意愿和受到他人的影响变小，并且更愿意独立工作，坚持完成工作的意志力更强（Vohs et al.，2006，2008）。童璐琼等人（Tong et al.，2013）研究表明金钱概念也会显著影响消费者的选择偏好或购买行为。因此，面对消费者金钱概念所产生的影响作用，企业管理可能关心的一个问题是装饰的黄金所启动的消费者金钱心理是否有利于产品销售？这直接关系到企业使用黄金装饰商店的效果。

接下来我们将探讨金钱概念对消费者冲动购买的影响机制,通过该研究可以获得以下几个贡献。第一,我们证明了金钱概念与自我控制、冲动购买存在因果关系,拓展了金钱概念在消费者认知和行为领域的研究。第二,对金钱概念在冲动购买中的作用过程进行了研究,我们证明了金钱概念激发消费者以高解释水平思维思考问题,更多关注未来利益,冲动购买的意愿降低。第三,对金钱概念的影响边界进行了研究,如启动的金钱材料所表达的含义以及购买的商品信息特征会调节金钱概念对冲动购买的影响。第四,启示企业该如何利用消费者的金钱心理,获得最好的营销效果。第五,该研究也有利于消费者管理好自我消费,启示消费者该如何提高自我控制水平,避免冲动购买。

6.1 自我控制与冲动购买

在零售和消费者行为领域,有关冲动购买的研究获得了诸多建设性的成果,作为企业利润非常重要的来源,冲动购买对于企业的重要性是不言而喻的。早期研究认为冲动购买是非计划购买,这种理解导致研究者根据产品是否被冲动购买来划分产品类别,然而有研究者质疑把产品划分为冲动品和非冲动品的合理性,因为他们推断所有的产品都有可能被冲动购买(Vohs & Faber,2007)。直到20世纪80年代,鲁克(Rook,1987)从心理学视角认为冲动购买行为(Impulsive Behavior)是"个体突然的、强烈的、迅速的、难以抗拒而实施的行为"。这种理解重新定义冲动购买是一种消费者在购买时突然出现而且强烈的欲望(Rook & Fisher,1995),是一种没有深思熟虑的、暂时失控的非理性行为,而且在该行为发生时没有考虑为什么和拥有该产品的原因(Verplanken & Herabadl,2001)。

任何一个消费者都有可能激发出突然的消费冲动(Vohs & Faber,2007),不过对前人的研究进行分析,引发消费者冲动购买的影响因素可以归纳为两大类。首先,冲动购买会受外界环境因素的影响,例如,店铺的装饰和布局（Mohan et al.，2013），购买商品时是否有他人的陪伴（张正林和庄贵军，2008），产品外观、使用和功能的创新程度（常亚平等，2012）等。其次，消费者的个人特质对冲动购买也起重要作用，消费者在面对同样的冲动商品时，由于个体特质的差异，有的表现出强烈的冲动购买欲望，有的却仍然保持理智。例如，个体的自我建构水平（独立自我或关联自我）（熊素红和景奉杰，2012）、心理模拟（韩德昌和王艳芝，2012）、个体自恋特征和物质主义（Rose，2007），以及个体的认知因素（缺乏计划、没有认真考虑）和情感因素（愉悦、兴奋、缺乏控制）（Verplanken & Herabadl，2001）等，这些特质的差异都会影响消费者的冲动购买水平。

在研究消费者冲动购买影响因素的同时，也有研究者开始解释产生冲动购买的原因，最近研究的一个核心内容是自我控制（Vohs & Faber，2007；Miao，2011）。自我控制是一种个体控制或管理自我思想、情感、冲动和行为的能力。一个广泛接受的解释自我控制理论是力量模型（The Strength Model of Self-control）（Vohs & Faber，2007），该模型认为自我控制依赖一种有限但可再生的心理资源，即自我控制资源，该资源是多样的、通用的（Baumeister & Vohs，2007），在面对一系列需要进行自我控制的事件时，前一事件的自我控制会消耗自我控制资源，从而降低后一事件的自我控制水平，这种控制力量被削弱的现象也被称为"自我损耗效应"（ego-depletion effect）。福斯和法布尔（Vohs & Faber，2007）认为自我控制的力量机制类似于肌肉的使用，肌肉力量在反复运动时下降，经过休息后能再次恢复，自我控制的心理资源使用后会损耗，但过一段时间后可以恢复，不过从长期来看，个体所拥有的自我控制资源会处在一个稳定的水平，即个体总体上拥有稳定的自控力和暂时波动的自控力，因此福斯和法布尔认为不同的个体所拥有的稳定的自我控制资源不一样，即不同的个体自我控制能力存在差异，这也解释了个体特质差异会影响冲动购买水平。力量模型很好地解释了消费者冲动购买的原因，即冲动购买是因为自我控制资源减少，但是韩德昌和王艳芝（2012）认为该模型并不能很好地应用到实际的购买情景中，因为力量模型研究一般采用双任务范式，即消费者先完成一个自我控制任务,然后在进行第二个任务(面对消费诱惑)时,由于自我控制资源消耗造成自我控制能力会降低,这与实际的冲动购买情境可能并不完全一致。

另一个解释冲动购买自我控制的理论是动机理论。穆拉文和斯莱萨列娃(Muraven & Slessareva,2003)研究发现,参与者在自我控制资源已被消耗的情况下,如果提供金钱刺激,增强其继续自我控制的动机,该参与者同样可以与自我控制资源未被消耗的参与者一样实现自我控制。鲍迈斯特和福斯(Baumeister & Vohs,2007)认为,强烈的动机可以抵消自我消耗的影响,从而实现自我控制。苗(Miao,2011)认为相对于获得结果所付出的努力,如果感知到获得的结果缺乏价值,那么这种不平衡会增强自我控制的动机,最终克制住购买欲望而中断购买。霍克和勒文施泰因(Hoch & Loewenstein,1991)的欲望(Desire)—意志力(Will-power)双因素模型理论认为,个体自我控制成功与否是欲望和意志力相互心理冲突的结果,消费者的欲望是感性的,而意志力是理性的,当消费者的购买欲望超越不购买的决心时,冲动购买便会发生,反之则是意志力抑制住欲望,自我控制获得成功,阻止冲动购买发生。由此,引发冲动购买的两条路径有:一是购买欲望,二是可以控制冲动欲望的意志力。欲望对冲动购买起促进作用,而意志力则起抑制作用,霍克和勒文施泰因(Hoch & Loewenstein,1991)认为消费者在诱惑面前不是消极的牺牲品,有了购买冲动后并不一定会产生购买行为,因为消费者会通过某种策略来强化自我控制动机,例如,降低欲望(如延后满足或分散注意力)和增强意志力(如事先承诺、经济成本评估、时间捆绑、成本捆绑、较高权威等)。

综上分析,根据消费者购买情景,本次研究以动机理论的欲望—意志力双因素模型来解释消费者冲动购买自我控制问题,研究认为消费者冲动购买发生与否是因为购买欲望与意志力相互作用的结果。根据自我控制动机理论,消费者在购买诱惑前会面临短期带来的即时享乐与长期利益之间的两难决策,如果消费者自控力差,选择即时快乐,便发生冲动购买行为(Mischel & Ayduk,2004;韩德昌和王艳芝,2012),因此,我们认为冲动购买的本质是消费者意志力弱不能控制自己延迟满足欲望。

6.2 金钱概念与冲动购买的关系

穆拉文和斯莱萨列娃（Muraven & Slessareva，2003）在研究社会排斥和自我调节时发现，给予那些自我调节能力弱的参与者一大笔现金后，他们便与自我调节能力强的参与者一样能很好地控制自我，喝掉更多难喝的饮料。杜克洛等（Duclos et al.，2013）认为金钱概念可以提高个体不依赖于他人就能很好地处理自我生活的能力。金钱概念可以帮助消费者提高管理好自我消费的能力，减少追求享受和愉悦的意愿（Quoidbach et al.，2010）。童璐琼等人（Tong et al.，2013）认为展现金钱相关的物体可以帮助消费者减少购买不必要的产品，如在进行产品选择时，启动金钱概念的消费者会更加谨慎，能够控制自己选择更加实用的产品。福斯团队（Vohs et al.，2006）认为启动金钱概念可以让个体获得一种自足感，有更强的意志力，可以顽强地坚持目标并且在完成困难任务时坚持的时间更长。周欣悦等人（Zhou et al.，2009）认为，启动金钱概念的个体往往会联想到力量、自信和效率，联想到有钱时可以减少那些由外界所引发的疼痛感，可以更好地承受社会不认同产生的压力。由此可见，金钱启动的消费者在处理事情时意志力更强，自我控制的水平更高，那么，消费者在购买诱惑面前可以很好地处理即时享乐与长期利益之间的两难决策，他们会控制自己延迟满足欲望。所以，我们认为金钱概念提高了消费者自我控制的意志力，减少了冲动购买意愿。

假设6-1：启动金钱概念可以有效地降低消费者的冲动购买意愿。

启动金钱概念的个体会获得一种自足感，感到更有力量（Vohs et al，2006），但杜克洛等人（Duclos et al.，2013）认为金钱概念可以提高个体不依赖于他人就能很好地处理自我生活的能力，进而可以提升个体的自我控制感，但是一旦让个体体验到金钱缺乏则会降低自我控制感，处理事情时会感到有压力或有困难。福斯团队（Vohs et al.，2006）研究金钱概念与工作求助的关系时，把实验者分为钱多刺激组（阅读一篇关于成长岁月中生活富裕的短文）和钱少刺激组（阅读关于成长岁月中资金缺乏的短文），发现钱多组的参与者求助他人的意愿与钱少组的参与者有显著的差异，钱多组的参与者求助他人的意愿要更低。汉森等人（Hansen et al.，2013）认为，如果刺激的金钱量很少时或者刺激的金钱本身代表了钱少的含义时（如 1 角的人民币），消费者会联想到成本，感到金钱缺乏。那么，启动很多金钱刺激的消费者和启动很少金钱刺激的消费者可能会产生不同的金钱心理，表现出的行为也会有差异。因此，启动时的金钱的架构方式（启动的金钱材料所表达的含义）会影响消费者的金钱概念形成。汉森等人（Hansen et al.，2013）认为消费者在金钱联想时是变得更有力量、更自信还是变得更软弱，取决于金钱所表达的含义（金钱代表了资源还是代表了威胁）。据此，我们推测让消费者联想到金钱富裕时要比联想到金钱缺乏时的意志力更强，面对购买诱惑时更不容易产生冲动购买行为。

假设 6-2：在启动金钱概念时，启动的金钱含义会调节金钱概念对消费者冲动购买的影响，联想到金钱富裕的消费者（钱多的刺激）产生冲动购买行为意愿要低于联想到金钱缺乏的消费者（钱少的刺激）。

任何事物既可以以低解释水平的方式呈现出来，也可以以高解释水平的方式呈现（Trope & Liberman，2007）。那么，消费者所购买的商品可以以低解释水平来表征，也可以以高解释水平来表征。例如，健身俱乐部可以以低解释水平方式来表征，诸如强调日常身体锻炼活动（次要和附带的特征），也可以以高解释水平方式来表征，诸如强调终身健康（主要和核心特征）（Wan & Rucker，2013）。有研究表明，个体的解释水平思维与认知客体的特征的匹配程度会影响个体对该认知客体的偏好程度。例如，王霞等（2012）在研究时间间隔与未来事件效价的关系时，把事件分为高解释水平事件（如去海南岛旅游）和低解释水平事件（如听哲学课程）。对于海南岛旅游事件，高解释水平思考后的感知效价显著高于低解释水平思考后的感知效价；而对于听哲学课程事件，低解释水平思考后的感知效价显著高于高解释水平思考后的感知效价。

汉森等人(Hansen et al.，2013)认为启动金钱概念可以激发个体高解释水平思考问题，意志力更强。那么，如果消费者面对的诱惑商品呈现的是高解释水平信息，这与消费者高解释水平思维相匹配，消费者对该商品的评价相对较高，购买意向会更高；如果面对的诱惑商品呈现的是低解释水平信息，与高解释水平思维不匹配，对它的评价相对较低，购买意向也会变弱。因此，启动金钱概念的消费者对呈现高解释水平信息的商品的冲动购买意向要高于呈现低解释水平信息的商品的冲动购买意向。结合前面的假设，启动的金钱含义会调节金钱概念对消费者冲动购买的影响，我们做进一步假设：

假设 6-3：商品信息的解释水平会调节金钱概念对消费者冲动购买的影响，面对低解释水平信息的商品，联想到金钱富裕的消费者的冲动购买意愿要低于联想到金钱缺乏的消费者，面对高解释水平特征的商品，则无显著差异。

6.3 实验研究

6.3.1 金钱概念启动与冲动购买

实验概述与方法：实验目的是研究金钱概念对冲动购买的影响。为了避免实用/享乐性的影响，实验选用的产品是运动鞋，沃斯等人(Voss et al.，2003)研究产品享乐性和实用性属性时对运动鞋的测定是：享乐性的均值为 5.38(7 点量表)，实用性的均值为 5.10，两者无显著性的差异，即运动鞋是比较中性的产品，既不偏向于享乐产品也不偏向于实用产品。

实验采用单因素组间设计(启动方式：金钱组 vs. 控制组)，某商学院的 134 名在职 MBA 学生(男性 78 人，女性 56 人)参加了实验并且被任意安排在其中的一组，年龄范围从 26 岁到 45 岁(平均年龄为 31.66 岁，标准差为 4.12)。参与者被告知参加一次消费选择活动。

首先是启动参与者的金钱概念。参照福斯团队(Vohs et al.，2006)的启动方法，在金钱启动组，给参与者展示四幅图片(分别是人民币、金条、钻石和豪车)，为了达到更好的启动效果，要求他们用人民币来衡量后三种物品的价值，然后选择最有价值的物品；在控制组，给参与者展示四幅鲜花的图片，要求参与者从中选择最漂亮的鲜花。

接着测量参与者的冲动购买意愿。参照苗(Miao，2011)测量冲动购买意愿的做法，给参与者展示一个购买背景。"在一个周末的上午，马丽(城市白领)为了放松自己，决定去某商场逛街买一件衬衫，在逛街的过程中发现某商店的一款运动鞋很漂亮，很喜欢。"同时，附上运动鞋的图片，并告知参与者想象一下自己就是马丽，在下面五个行为选项中选择你最想实施的行为。

(1)买衬衫，没有想过买运动鞋；(2)想买衬衫，希望是运动鞋，但不是要得到它；(3)决定不买衬衫而购买运动鞋；(4)决定购买衬衫同时也要购买运动鞋；(5)决定购买衬衫同时也要购买运动鞋，而且外加买一套运动服。

最后要求参与者报告选择难度(1 非常容易，7 非常困难)、努力程度(1 非常不努力，7 非常努力)、情绪(积极和消极情绪量表)、收入水平、年龄和性别状况。

结果分析：单因素方差分析显示，启动金钱概念对冲动购买意愿有显著的影响，金钱启动组的冲动购买意愿($M_{金钱}$ = 2.68)要显著小于控制组($M_{控制}$ = 3.38，$F(1, 132) = 10.60$，$P<0.01$，$\eta^2 = 0.07$)，启动金钱概念可以有效地抑制消费者的冲动购买意愿。

金钱启动组与控制组在选择难度、努力程度、收入水平和情绪上并没有显著差异，选择难度($M_{金钱}$ = 4.94，$M_{控制}$ = 4.84，$F(1, 132) = 0.11$，$P>0.05$，$\eta^2 = 0.00$)；努力程度($M_{金钱}$ = 4.09，$M_{控制}$ = 4.54，$F(1, 132) = 1.76$，$P>0.05$，$\eta^2 = 0.01$)；积极情绪($M_{金钱}$ = 4.71，$M_{控制}$ = 4.75，$F(1, 132) = 0.04$，$P>0.05$，$\eta^2 = 0.00$)；消极情绪($M_{金钱}$ = 1.79，$M_{控制}$ = 1.80，$F(1, 132) = 0.01$，$P > 0.05$，$\eta^2 = 0.000$)；收入($M_{金钱}$ = 4240，$M_{控制}$ = 4142，$F(1, 132) = 0.21$，$P>0.05$，$\eta^2 = 0.00$)，说明金钱概念对冲动购买

意愿的影响不能用选择难度、努力程度、收入水平和情绪来解释。

6.3.2 金钱含义和产品的信息特征的调节作用

实验概述与方法：实验目的是研究金钱含义和产品的信息特征在金钱概念对冲动购买影响中的调节作用。实验产品选用的是保温杯，根据事先前测，27 名学生对保温杯的评价（评价题项为享乐/实用，7 点量表，1 表示享乐，7 表示实用）结果是 M = 4.11，与中值 4 无显著差异，t(26) = 0.49，p>0.05，即保温杯是比较中性的产品。

实验采用 3（启动方式：金钱富裕组 vs. 金钱缺乏组 vs. 控制组）×2（产品信息特征：高解释水平特征 vs. 低解释水平特征）的组间设计，某商学院的 250 名本科学生（男性 112 人，女性 138 人）参加了实验并且被任意安排在其中的一组，年龄范围从 18 岁到 24 岁（平均年龄为 20.74 岁，标准差为 0.98）。参与者被告知参加一次消费意愿的选择活动。

首先，让他们填写一份测量冲动购买特质的问卷，参考鲁克和费希尔（Rook & Fisher，1995）的冲动量表，共九个问题：我购买东西时非常冲动；"立刻购买"是我的一种购买方式；我经常不加考虑就购买；看到了想要的东西我就想买下来；我一般是现在买，以后再考虑是否需要；我是根据感觉来决定是否购买；多数购买我会认真做计划；我购物会很鲁莽；我会迅速做出购买决定，Cronbach's a = 0.71。

然后启动参与者的金钱概念，参照汉森等人（Hansen et al.，2013）的启动方法，在金钱富裕组展示大面额的五十元和百元的人民币；金钱缺乏组展示 1 角、5 角和 1 元的人民币；控制组则不展示任何东西。

接着测量参与者的冲动购买意愿。参照韩德昌和王艳芝（2012）的方法，给予参与者一个情景信息："小亮是一位大二的学生，星期天去逛沃尔玛超市买生活必需品，路过杯子柜台发现一款哈尔斯保温杯，该保温杯很漂亮，子弹头型设计，他知道该保温杯以前卖 60 元，但现在 5 折销售，小亮看了非常喜欢，可是他已经有一款很旧的保温杯了。"同时向参与者展示出保温杯的图片和宣传口号，参照旺和洛克（Wan & Rucker，2013）实验

4 的方法，左边显示图片，右边展示宣传信息，其中，高解释水平的商品促销信息描写为"让温暖长久相伴，享受长久的健康生活、品质生活"，低解释水平的信息描写为"时刻拥有热水，享受每一天的喝水乐趣，让你每天的生活或工作达到最佳"。浏览完后，要求参与者"假设您就是小亮"，您的购买意向是：即刻购买；以后购买。

最后，要求参与者报告性别、年龄。

结果分析：首先，参加实验的参与者的冲动特质没有显著差异。金钱富裕组（$M_{金钱富裕}$ = 3.36）、金钱缺乏组（$M_{金钱缺乏}$ = 3.37）和控制组（$M_{控制组}$ = 3.42）的冲动特质水平没有显著差异[$F(2，245) = 0.11$，$P>0.05$]；高解释水平信息组的冲动特质水平（$M_{高解释水平者}$ = 3.35）与低解释水平信息组（$M_{低解释水平者}$ = 3.42）没有显著差异[$F(1，246) = 0.31$，$P>0.05$]。这意味着实验的结果不会受到参与者冲动特质的影响。

其次，相对于金钱缺乏组（55.95%[47/84]）（$X^2(1) = 8.70$，$P<0.01$）和控制组（48.78%[40/82]），金钱富裕组（33.33%[28/84]）选择立刻购买的比例有显著的降低（$X^2(1) = 4.09$，$P<0.05$），即联想到金钱富裕的消费者能够很好地进行自我控制，减少冲动购买意愿。另外，数据显示金钱缺乏组与控制组的冲动购买意愿没有显著差异（$X^2(1) = 0.27$，$P>0.05$）。

最后，商品解释水平调节作用的分析。在低解释水平组，金钱富裕组的参与者选择冲动购买的比例（22.50%[9/40]）要显著低于金钱缺乏组（63.04%[29/46]）（$X^2(1) = 14.26$，$P<0.01$）和控制组（53.85%[21/39]）（$X^2(1) = 8.42$，$P<0.01$），表明金钱富裕组的参与者会采用高解释水平思维来表征事物，面对与解释水平思维不匹配的商品，偏好程度降低，冲动购买意向较弱。在高解释水平组，金钱富裕组的参与者选择冲动购买的比例（43.18%[19/44]）与金钱缺乏组（47.37%[18/38]）（$X^2(1) = 0.14$，$P>0.05$）和控制组（44.19%[19/43]）没有显著差异（$X^2(1) = 0.01$，$P>0.05$），即面对高解释水平特征的商品，金钱富裕组也会与金钱缺乏组一样控制不住诱惑而选择立刻购买。

6.4 结论与讨论

根据霍克和勒文施泰因（Hoch & Loewenstein，1991）欲望—意志力的自我控制理论，在面对即刻满足还是未来利益时，启动金钱概念的消费者比没有启动金钱概念的消费者意志力更强，能更好地自我控制，冲动购买欲望更弱。这可能与穆拉文和斯莱萨列娃（Muraven & Slessareva，2003）的金钱与冲动购买的解释观点不一致，他们认为现实中的金钱可以作为一种资源，可以购买到个体所想要的任何产品，让缺乏变得富足，进而认为金钱概念也可以作为一种自我控制资源，提高个体的自我控制能力。但我们认为作为概念上的金钱，更多的是影响个体的意志力，启动金钱概念的个体会感到自足和自信，做事情的意志力更强，具体体现在启动金钱概念的个体更能够忍受社会排斥（Zhou et al.，2009），坚持完成困难任务的时间更长（Vohs et al，2006），在面对享乐诱惑时能够很好地自我控制（Tong et al.，2013；Quoidbach et al.，2010）。所以，金钱概念更多影响的是个体心理上的意志力。

启动的金钱含义调节金钱概念的影响。冲动购买其实就是消费者面对消费诱惑时的自我控制状况，自我控制失败便产生冲动购买，成功便中断冲动购买。消费者的自足感有利于自我控制，但启动的金钱数量少时，消费者感到的不是自足或富裕，而是缺乏。感到富裕时的消费者冲动购买欲望减少，不过感到缺乏时冲动购买欲望增加，这与研究者霍克和勒文施泰因（Hoch & Loewenstein，1991）对实际收入与冲动购买的关系研究一致，高收入者或拥有很多金钱财富的消费者冲动购买欲望减少，而低收入者或拥有很少金钱财富的消费者冲动购买欲望增加。

启动金钱概念的消费者对信息展现方式不同的商品的偏好存在差异。我们研究发现，金钱富裕的消费者冲动购买意愿减弱了，不过，该影响更有可能发生在以低解释水平表征的时候，如果购买的商品是以高解释水平表征，金钱富裕的消费者冲动购买意愿不会减弱。另外，金钱缺乏的消费者冲动购买意愿不会因为商品的信息特征的差异而有不同。这些主要是解释水平思维与商品信息的解释水平是否匹配的问题。如果匹配，则对商品评价高，不匹配则对商品评价低，因而对低解释水平特征的商品，金钱富裕的消费者冲动购买偏好更弱。

本次研究对于营销者和广告者都有启示。在我们的社会环境中，随处存在金钱的暗示（如商店的黄金装饰、银行里的广告信息、福利彩票的广告），这些金钱暗示所起到的作用与本研究所提到的金钱概念启动是一样的，也会让消费者产生金钱心理，因此，关注他们的金钱心理影响就变得尤为重要了。本次研究表明启动金钱概念会减少消费者的冲动购买，因此营销者在促销时要尽量避免消费者受到金钱富裕暗示，激发出自足的金钱心理，降低冲动购买意愿，影响促销效果。研究表明金钱含义会调节这种影响，联想到金钱富裕的消费者的冲动购买意向低于联想到金钱缺乏的消费者，所以营销者可以适度引导消费者联想到金钱缺乏，让他们感到威胁，最终影响他们冲动购买意愿。另外，启动金钱概念的消费者会以高解释水平思维来评价事物，启示广告者在宣传产品的高解释水平信息时（如产品的核心信息，比如味道和质量）可以显示一些金钱符号，这样消费者会容易接受这类产品，对这类产品评价会更高。

本次研究存在一定的不足。实验 2 启动的金钱材料，虽然实验研究采用的是汉森等人（Hansen et al.，2013）的启动方法，但是没有很好地刻画刺激个体联想到富裕还是缺乏的金钱材料的客观标准，完全是根据个人主观判断，但是金钱材料不同所引发的金钱概念会有所不同，个体在追求特定目标时会表现出有差异的行为，例如，采用信用卡启动的个体捐赠行为和采用现金启动的个体存在差异，未来可以研究不同金钱材料所启动的金钱概念是否存在差异。

总之，研究结果表明，启动金钱概念的参与者的冲动购买意向要低于控制组的参与者。金钱概念对冲动购买意愿的影响存在边界，与控制组相比，联想到金钱缺乏的参与者的冲动购买意愿没有显著变化，但是联想到金钱富裕的参与者的冲动购买意愿显著降低，尤其在购买产品的宣传信息呈现低解释水平特征的时候。

7 金钱概念与消费者的自我提升偏好

金钱作为物质财富由人类创造，拥有金钱多少反映人们的富裕水平，会影响人们的消费习惯和行为。近几十年来，我国经济取得了快速发展，成功实现了从低收入国家向上中等收入国家跨越。卡迪等人（Cuddy et al., 2008）认为当收入水平越过中等收入线时，人们的消费偏好会发生改变，消费时会更加倾向于选择有利于自己发展和健康的消费选项。

由此可见，真实拥有财富会影响人们的消费偏好，拥有财富越多的消费者会偏好有利于自我的消费行为，更加愿意消费哪些有利于自我发展或自我提升的消费选项。实际上，随着社会的物质化水平提高，很多人未必真正拥有财富，但经常暴露于金钱的刺激之下，容易形成金钱概念。福斯和他的研究团队（Vohs et al., 2015）认为，如果给予金钱刺激或金钱暗示，消费者会产生金钱概念，即使没有真实拥有金钱财富，也会产生拥有金钱财富的效果，影响随后的消费行为，即不论金钱财富多少，只要给予金钱刺激，就有可能产生真正拥有金钱的心理效果。例如，金钱面前亲情淡，真实拥有金钱的人拥有较差的人际关系，启动金钱概念的人同样拥有比较差的人际关系，不愿意帮助他人；真实拥有金钱的消费者从众意愿低、独特性需求强烈，启动金钱概念的消费者同样从众意愿低、独特性需求强烈。

真实拥有财富的消费者更愿意消费有利于自我发展或自我提升的消费选项，而启动金钱概念的消费者与真实拥有财富的消费者有类似消费偏好和行为（Vohs et al., 2006），那么，由此可以推测，金钱或财富线索启动的金钱概念应该也会对消费者自我提升的需求或偏好产生影响，这是已有研究没有涉及的问题。因此，有必要探究消费者金钱概念与消费偏好之间的关系以及影响的心理机理。

7.1 自我提升与自我提升产品

进化心理学认为，现代人类所拥有的心理与行为在演化过程中通常都具有重要的适应价值。一方面，它们能够直接或间接地促进种系的繁衍，驱使人类产生自我保护或自我提升的需要；另一方面，随着人类文明的出现，理解现代人的心理行为需要综合考虑人类在整个演化史中的表现（Sedikides & Skowronski，2009）。在人类演化和发展过程中，人们不但要适应自然环境，还需适应社会环境，进而出现了适应自然环境和社会环境提升需要（Niess & Diefenbach，2016）。

自我提升是人们对自我相关信息进行认知评定时出现的一种积极倾向，是人们实现和维持良好自我感觉的一种方式。核心内容包含了个人价值感、自尊和寻求积极自我认识的需要。自我提升研究有两种范式：比较性范式和自我偏爱范式。比较性范式下的自我提升是一种以平均水平为参照点，获得高于平均水平的提升；自我偏爱式的自我提升倾向是个体积极追求目标，不断突破自己，达到最好的倾向（Gaertner et al.，2012）。内隐认知的研究学者认为比较性范式下的自我提升倾向有可能反映的不是真正的自我提升，而是一种纯认知的无动机偏向（Moore & Small，2007），而自我偏爱式的自我提升反映了个体内在倾向，更能表现个体真正的自我提升。阿拉德和怀特（Allard & White，2015）把自我偏爱式的自我提升定义为："如果感觉自身方面与自我标准或目标存在差距，个体朝着自我标准或目标前进的行为。"

人们有自我提升的需要，这种需要往往表现在日常行为（Niess & Diefenbach，2016），甚至消费行为（Allard & White，2015）中。如果顾客消费时存在自我提升倾向，那么，他们会更愿意选择那些能够提升或证明自我的产品选项，例如，内疚的消费者会感到未能达到自我相关标准，会激起提升自我的欲望，更愿意选择那些能够实现自我标准或目标的产品选项（Allard &

White，2015）。因此，按照是否可以实现消费者的自我提升，可以把产品细分为两类：自我提升产品和非自我提升产品。自我提升产品指那些可以让消费者在完成任务时表现得更好，或者是可以提高那些自我提升性特质水平的产品。比如，难以理解的书籍、登山项目、提升智力水平的游戏等。

7.2 金钱概念与自我提升

金钱概念在消费行为中的研究主要聚焦在产品与品牌评价、享乐和实用品的选择，并没有关注到对消费者自我提升偏好的影响。虽然金钱概念在社会行为中的一些零星研究可以间接说明启动金钱概念的个体有自我提升倾向，但产生了怎样的影响，什么心理机制可以解释这种影响，还需要进一步研究。

根据自足理论，福斯和他的研究团队（Vohs et al.，2006）认为启动金钱概念的个体会感到拥有资源，会更加关注、坚定以及完成自我相关的目标。莫吉尔纳（Mogilner，2010）的研究表明，激活金钱概念的个体会更喜欢那些具有挑战性的任务，并对完成这些任务有更持久的坚持度，有更多的进取表现。穆拉文和斯莱萨列娃（Muraven & Slessareva，2003）则证实了金钱与智力性产品偏好的关系，在一次字谜游戏偏好的实验中，当启动金钱刺激的参与者得知玩字谜游戏可以减少老年痴呆症，他们会更加偏好该字谜游戏，并沉浸于游戏体验，且游戏体验表现要好于控制组。启动金钱概念的个体对提升者有更多偏好，而对非提升者或弱者则表现得很冷漠，并认为能够自我提升的优势群体应该主导固步自封的弱势群体，觉得这些弱势群体就应该相信自己的命运（Vohs et al.，2015）。金钱激活了自我提升目标，从而会压制对非自我提升的体验。比如，在儿童节时，本来与孩子过节体验是好的，但是，如果给予父母金钱提示或刺激，那么，就会激活他们的自我提升目标，由于节日的舒适氛围与自我提升目标发生冲突，当询问他们在儿童节的体验时，他们回答的体验水平并不会很高（Mead & Stuppy，2014）。

由此可见，启动金钱概念，提高了消费者自我认知水平，会更加关注自我利益的获得，导致他们偏好自我提升相关的消费类型。所以，我们推测，相对于非自我提升的消费类型，启动金钱概念的消费者对自我提升的消费类型有更多的偏好。

假设 7-1：金钱概念积极影响自我提升偏好。相对于非自我提升产品，启动金钱概念的消费者会更加偏爱自我提升产品。

金钱概念会影响消费者选择偏好，多数研究者认为这是因为金钱概念影响消费者的心理动机（Vohs et al.，2006；Vohs et al.，2008；Zhou et al.，2009；Mogilner，2010）。从现有研究来分析，我们认为金钱概念影响消费者对自我提升产品的偏好是因为成就动机的作用。成就动机是指个人对重要的或者有价值的工作值得去从事或去完成，积极追求成功，并要求达到完美状态的愿望和要求。

金钱与成就在心理上是相通的，金钱传递了成就和成功信息，通过金钱财富可以反映个人成就（Mead & Stuppy，2014）。福斯和他的研究团队（Vohs et al.，2008）用市场定价模型解释个体成就追求现象，市场定价模型原理是个体 A 完成某项任务会给个体 B 带来某种有价值的产出，个体 B 获得及使用该产出就会给个体 A 一些金钱作为交换。当他们按照公平原则交换资源时，个体 A 的产出对个体 B 越有价值，个体 B 付给个体 A 的钱就会越多。从市场定价模型中可以得知两个机理：第一，该模型涉及个人产出和投入，显示个人绩效或成就；第二，金钱奖励给成功完成任务的个人，意味着金钱代表了个人的业绩成就，成了衡量业绩成就的标准之一。因此，莫克和德克雷默（Mok & De Cremer，2015）认为联想到金钱的消费者会获得一种因为自己的成就而获得他人羡慕的感觉。另外，一些金钱概念研究也证明了激活金钱概念会影响个体的成就动机。例如，莫吉尔纳（Moginer，2010）的实验证明了启动金钱概念的个体会完成更多的工作任务以实现个人成就；卡鲁索等人（Caruso et al.，2013）则认为启动金钱概念的个体更能认同强者，更能认同那些获得成就的人，对他们有更多的支持，而且还偏好那些能够体现个人成就的制度。福斯和他的研究团队（Vohs et

al.，2006）认为，金钱概念让个体变得自足，进而会积极追求动因目标
（agentic goals），换一种说法，金钱概念激活个人成就动机。而高成就欲望
的人则会不断提升自己，更加偏好提升自我的选项（Shimizu，2016）。因
此，启动金钱概念会提高消费者的成就动机，激励消费者更努力地表现，
更愿意去追求成功并达到完美状态。

假设 7-2：成就动机在金钱概念对自我提升偏好的影响中起中介作用。

金钱不利于人际自我，喜爱金钱往往是麻烦的开始——人际关系变
差。相对于看淡金钱的个体，看重金钱的个体拥有的人际关系更差（Vohs
et al.，2008）。迪尔等人（Dierer et al.，1999）连续几年考察英国足球彩票
中奖者，发现财富增加的同时也伴随着代价——很多中奖者辞职并且交际
圈变小，当他们被希望提供经济资助时，与朋友和家人的关系变得紧张。
金钱对人际关系有破坏性影响，福斯和他的研究团队（Vohs et al.，2006）认
为不但实际拥有金钱会提高人际间的敏感性，只要联想到金钱，人与人之
间的关系就会变差。例如，启动金钱概念，个体不愿意帮助他人，也不愿
意得到他人的帮助，与他人共同完成任务时会保持一定的物理距离（Vohs
et al.，2006），这些说明个体人际关系敏感。刘及其团队（Liu et al.，2012）
认为启动金钱概念的个体人际关系变差，主要原因在于金钱概念让个体容
易忽视他人的需求。比如，启动金钱概念后，个体变得更加冷淡，对他人
的意见或评价漠不关心，不愿意相信他人，甚至还会做出与他人建议相反
的行为；启动金钱概念的个体，不会关心他人的利益，不愿意为慈善事业
贡献力量，慈善捐赠意愿以及实际的捐款金额都较低（Vohs et al.，2006；
Liu et al.，2008）。同时，启动金钱概念的个体不太愿意他人模仿自己的选
择，如果自己选择了某个选项，不会希望他人也选择该选项。

由此可知，金钱消费者会积极追求个人目标，但是会忽视他人的目标追
求，会觉得为他人的利益选择不重要，且强烈希望他人追求的目标不要与自
我目标重叠，不愿意给他人增加福利以及给他人提升自我的机会。因此，启
动金钱概念的个体会感觉到自我提升目标非常重要，只愿意给自己购买自我
提升性产品，而给他人购买或推荐时，则更愿意选择非自我提升性产品。

假设 7-3：购买目标(为自己购买 vs. 为他人购买)会调节金钱概念对自我提升偏好的影响。在为自己购买时，金钱概念对自我提升偏好的影响显著；而在为他人购买时，金钱概念对自我提升偏好的影响不显著。

7.3 实验研究

7.3.1 金钱概念与自我提升产品选择

实验目的：我们假设启动金钱概念的顾客会更加喜欢带有自我提升特征的产品，因此，本次实验的目的主要是验证金钱概念积极影响自我提升产品的偏好。

实验设计：实验采用 2(启动方式：金钱概念启动组 vs. 控制组)×2(产品类型：自我提升产品 vs. 非自我提升产品)的组间实验设计，实验的结果变量为(非)自我提升性产品的支付水平。177 位管理类专业的大一学生参与了实验，女性 130 人，占 73.44%，$M_{年龄} = 19.00$。

实验过程：告知参与者进行一次消费选择的实验，每位参与者完成实验后可以获得一个小礼品。177 名参与者被任意安排在其中的一组，其中金钱概念与自我提升产品组(简称"金钱—提升组")有 45 人；金钱概念与非自我提升产品组(简称"金钱—非提升组")有 44 人；非金钱概念启动与自我提升产品组(简称"控制—提升组")有 45 人；非金钱概念启动与非自我提升产品组(简称"控制—非提升组")有 43 人。金钱概念启动组，参照福斯和他的研究团队(Vohs et al., 2006)的启动方法，给予参与者观看 10 幅金钱或与财富有关的图片，如黄金、钻石、最新的百元人民币等图片，并要求他们根据自己的经验对黄金以及钻石进行估价。控制组，也参照福斯和他的研究团队(Vohs et al., 2006)的控制方法，展示一些与金钱无关的图片，如树木、鲜花、野草等图片。

紧接着向参与者介绍一种有助于睡眠的全天然的口服溶片，自我提升的口服溶片命名为 AITT，非自我提升的口服溶片命名为 BITT，AITT 和

BITT 都是虚构的名字。AITT 口服溶片介绍的具体内容为："AITT 口服溶片可以提高白天学习活力，有助于学习时间集中注意力，可以促进每天的脑力和身体体能。"BITT 口服溶片介绍的具体内容为："BITT 口服溶片可以让你睡眠时间更长，睡眠质量更高，让你每天可以睡得更加舒适。"然后要求参与者回答愿意购买该产品的金额(单位为盒装，一盒内含 7 片，每片有 8 个口服片，支付金额限定为 0~40 元)。

最后要求参与者回答这次实验的努力程度(1 表示非常不努力，7 表示非常努力)、困难程度(1 表示非常困难，7 表示非常容易)以及情绪感知，情绪参照沃森(Watson et al.，1988)的积极和消极情绪量表，其中积极情绪有 4 个测项，分别为快乐、自豪、兴奋和热情，α 系数为 0.912，表明量表的同质信度高；消极情绪有 4 个测项，分别为难过、恼怒、害怕和紧张，α 系数为 0.908，表明量表的同质信度高。

数据分析：首先，检验不同类别的努力程度、困难程度以及情绪感知水平的差异，以分组类别(控制—提升组、控制—非提升组、金钱—提升组和金钱—非提升组)进行单因素方差分析。分析结果显示，四个组别的努力程度均值没有显著差异，分别为 5.311(SD = 1.379)，5.163(SD = 1.573)，4.822(SD = 1.403)和 4.932(SD = 1.591)，$F(3，173) = 0.988$，$p = 0.400$；难度感知均值没有显著差异，分别为 4.711(SD = 1.359)，4.744(SD = 1.720)，4.422(SD = 1.234)和 4.522(SD = 1.320)，$F(3，173) = 0.520$，$p = 0.699$；积极情绪均值没有显著差异，分别为 4.550(SD = 1.301)，4.448(SD = 1.588)，4.378(SD = 1.312)和 4.534(SD = 1.251)，$F(3,173) = 0.154$，$p = 0.927$；消极情绪均值没有显著差异，分别为 1.989(SD = 1.109)，2.459(SD = 1.601)，2.306(SD = 1.410)和 1.807(SD = 1.194)，$F(3，173) = 2.141$，$p = 0.097$。

其次，检验不同启动方式和产品类型上的支付水平。方差分析结果显示，产品类型的主效应显著，自我提升性产品的支付水平(M = 21.140，SD = 10.680)显著高于非自我提升性产品的支付水平(M = 17.782，SD = 11.038，$F(1，173) = 4.442$，$p = 0.037$)。启动方式的主效应不显著，金钱概念启动组的支付水平（M = 20.883，SD = 11.007）没有显著高于控制组的支付水平（M = 18.080，SD = 10.786，F（1，173）= 3.319，p = 0.078）。不过，启动方式与产品类型对支付水平的交互效应显著（F（1，173）= 7.541，p = 0.007），见图 7-1。

最后，为了验证金钱概念对自我提升性产品支付水平的影响，我们对分组类别进行均值比较，发现不同组别的支付水平有显著差异（F（3，173）= 5.041，p = 0.002）。金钱—提升组的支付水平（M = 24.702，SD = 8.923）要显著高于控制—提升组（M = 17.578，SD = 11.187，t（88）= 3.340，p<0.05）、控制—非提升组（M = 18.605，SD = 10.454，t（86）= 2.947，p<0.05）和金钱—非提升组（M = 16.977，SD = 11.645，t（87）= 3.518，p<0.05）的支付水平。

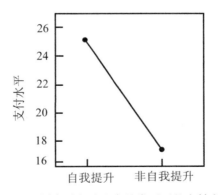

图 7-1　不同启动方式和产品类型下的支付水平

7.3.2　金钱概念与成就动机

实验目的：研究成就动机是金钱概念影响自我提升性产品偏好的作用机制。

实验设计：实验采用单因素组间实验设计（金钱概念启动组 vs. 控制组），实验的结果变量选择具有自我提升特征的产品和具有其他特征的产品(对比产品)。120 位工商管理类专业的大二学生参与了实验,女性 73 人,占 60. 83% , $M_{年龄}$ = 19. 46。

实验过程:120 名参与者被任意安排在其中的一组,其中,金钱概念启动组有 57 人,非金钱概念启动组有 63 人。告知参与者进行一次有关数量估计的实验。金钱概念启动组,给参与者展示一张成捆金钱的图片,为了能更好地启动金钱概念,要求参与者估计图片中金钱的总额有多少,并把这个金额写下来;控制组,则向参与者展示一张成堆木材的图片,要求参与者估计图片中木材的总数有多少,并把木材数量写下来。启动任务完成后,测量参与者的成就动机参照了舍恩(Schoen,2015)的成就动机测量量表,共 8 个测项,α 系数为 0. 814,表明量表的同质信度高。

然后告诉参与者,为了感谢他们对这次实验的支持,给予每人一瓶维他命水作为奖励。并且还告诉参与者作为奖励的维他命水有两个品牌:FOUSE 和 ESSENTIAL(虚构的品牌),这两个品牌由同一家公司生产,价格为 5 元一瓶,并展示这两个品牌图片和产品描述语。FOUSE 品牌的维他命水的描述语为:"提升你的心智表现非常重要,'FOUSE'可以给你清晰度和警觉性,可以改善你的心智表现。"ESSENTIAL 品牌的维他命水的描述为:"获得适当的水化物质对你的身体至关重要,'ESSENTIAL'给你身体所需的水化物质。"

参与者阅读完这些描述后,要求他们写下所选择的品牌。然后让参与者进行一些有关实验和选择的评价:是否知晓 FOUSE 和 ESSENTIAL 品牌的维他命水,维他命水的实用/享乐评价(1 表示非常实用,7 表示非常享乐)、产品性能感知(1 表示非常差,7 表示非常好)、选择难度感知(1 表示非常困难,7 表示非常容易),以及是否知道本次实验的目的。

最后,当参与者完成以上内容后,告诉他们选择维他命水奖励也是本次实验的一部分,但为了感谢他们的实验,完成任务者可以获得 5 个课程平时分。

结果分析:金钱概念启动组的选择难度(M = 4. 509,SD = 1. 853)与控制组(M = 4. 413,SD = 1. 710,F(1,118) = 0. 087,p>0. 05)没有显著差异;金钱概念启动组的产品性能感知(M = 3. 719,SD = 1. 278)与控制组(M =

3. 889，SD＝0. 845，F(1，118)＝0. 748，p>0. 05)没有显著差异；金钱概念启动组的实用/享乐感知(M＝3. 737，SD＝1. 086)与控制组(M＝3. 849，SD＝1. 095，F(1，118)＝0. 316，p>0. 05)没有显著差异。金钱概念启动组的成就动机(M＝4. 608，SD＝0. 993)要显著高于控制组(M＝4. 169，SD＝0. 899，F(1，118)＝6. 453，p<0. 05)。另外，对于 FOUSE 品牌和 ESSENTIAL 品牌的知晓度，120 位参与者都表示以前没有见过这些品牌；对于参与者实验目的的猜测，只有 11 位参与者回答知道实验目的，但是分析他们填写的具体实验目的，没有人能够回答出本次实验的真正目的。

接着，分析金钱概念对自我提升性产品偏好的影响，以启动方式为自变量，自我提升产品选择为因变量，把实用/享乐评价、产品性能感知、选择难度感知、性别和年龄作为控制变量，进行多项 logistic 回归分析。结果显示，启动金钱概念显著影响参与者的自我提升产品选择($\chi^2(1)＝4. 40$，p<0. 05)，见图 7-2。金钱概念启动组选择 FOUSE 品牌的比例(66. 67%〔38/57〕)显著高于控制组选择 FOUSE 品牌的比例(49. 21%〔31/63〕)。这表明启动金钱概念后，参与者更愿意选择具有自我提升特征的产品。

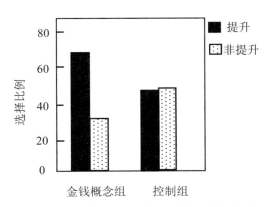

图 7-2   不同启动方式下的自我提升产品选择

金钱概念启动组的成就动机水平要显著高于控制组，另外，研究的假设 7-2，成就动机在金钱概念对自我提升产品偏好的影响中存在中介作用，接下来分析金钱概念启动是否会通过成就动机的作用而对自我提升产品偏好产生影响。以选择结果为因变量，启动类别为自变量，成就动机为中介变量，实用/享乐评价、产品性能感知、选择难度感知、性别和年龄作为控制变量，按照赵及其团队（Zhao et al.，2010）提出的中介效应检验程序，参照海耶斯（Hayes，（2013）提出的可以用 Bootstrap 方法进行检验，样本量选择为5000，置信区间为95%。分析结果显示，成就动机在金钱概念对自我提升性产品选择的影响中存在显著的中介效应，中介效应值为2.021，标准误差为2.328，中介效应值范围为0.190~6.349。金钱概念激发了成就动机，影响系数为−4.696（编码 0 为金钱概念组，1 为控制组），SD = 0.176，影响系数估计值范围为−0.818~−0.121。高成就动机者更愿意选择自我提升特征的产品，成就动机对选择自我提升性产品影响系数为−4.303（编码 0 为自我提升产品，1 为非自我提升产品），SD = 0.858，影响系数估计值范围为−5.983~−2.622。

7.3.3 购买目标调节作用

实验目的：检验在不同购买目标（自己 vs. 他人）的情况下，启动金钱概念的消费者对自我提升产品偏好的影响。

实验设计：实验采用 2（启动类型：金钱概念启动组 vs. 控制组）×2（购买目标：他人 vs. 自己）×2（产品类型：自我提升性产品 vs. 对比产品）的组间组内设计，启动类型和购买目标是组间设计，产品类型是组内设计，实验的结果变量为推荐意愿。187 位商学类专业的大二学生参与了实验，女性 123 人，占 65.775%，$M_{年龄}$ = 19.710。

实验过程：告知他们进行一次消费选择的实验，每位参与者可以获得一个小礼品。187 名参与者被任意安排在金钱概念启动组和控制组中的一组。金钱概念启动组 100 人（他人组 50 人，自己组 50 人）。控制组 87 人（他人组 45 人，自己组 42 人）。

金钱概念启动参照实验 1 的启动方法，控制组则参照童璐琼等（2013）的方法，不展示任何刺激物。启动任务完成以后，提供给参与者购买决策的背景信息。为他人购买决策的背景信息："想象一下，假设李观是你班上新来的同学，来之前你不认识他，但经过一段时间的相处后，发现彼此之间有很多相似之处，成为要好的朋友，现在李观学习碰到困难，想找一款游戏减缓学习压力。"为自己购买决策的背景信息："想象一下，假设你进入一个新班级，与班上同学相处融洽，现在学习碰到了困难，想购买一款游戏减缓学习压力。"

接着告知参与者现在有两款棋牌游戏——贝智和贝舒（虚构的名称），贝智棋牌游戏为自我提升类型，具体内容介绍为："'贝智'棋牌游戏是一款益智性的手游产品，能够提升你的忍耐度、灵活性、脑力以及记忆力，锻炼你的思维敏捷度，全面发挥你的创新能力。"贝舒棋牌游戏为非提升诉求型产品，具体内容介绍为："'贝舒'棋牌游戏是一款娱乐性的手游产品，能给你带来愉悦感，缓解现实社会给予我们的压力，暂时忘却自己的烦恼，找回当初让你心动的纯粹快乐。"要求参与者写下为自己（他人）购买产品的支付意愿。

最后要求参与者填写产品的实用/享乐感知（1 表示非常实用，7 表示非常享乐），努力程度感知（1 表示非常不努力，7 表示非常努力），选择难度感知（1 表示非常困难，7 表示非常容易）。

数据分析：首先，金钱概念启动组对产品的实用/享乐感知（M = 4.42，SD = 1.165），评价难度感知（M = 4.52，SD = 1.654）和评价努力程度（M = 5.42，SD = 1.444）与控制组对产品的实用/享乐感知（M = 4.52，SD = 1.192，$F(1, 185) = 0.492$，$p > 0.05$），评价难度感知（M = 4.20，SD = 1.683，$F(1, 185) = 1.986$，$p > 0.05$）和评价努力程度（M = 5.13，SD = 1.583，$F(1, 185) = 1.758$，$p > 0.05$）没有显著差异。

方差分析显示，启动类型、产品类型和购买目标对推荐意愿存在三维度的交互影响（$F(1, 366) = 5.437$，$p < 0.05$），见图 7-3。对于金钱概念启动组，存在产品类型和购买目标对推荐意愿的二维度交互影响（$F(1, 196) = 12.132$，$p < 0.05$），而在控制组，产品类型和购买目标对推荐意愿的二维度交互影响不显著（$F(1, 196) = 0.001$，$p > 0.05$）。

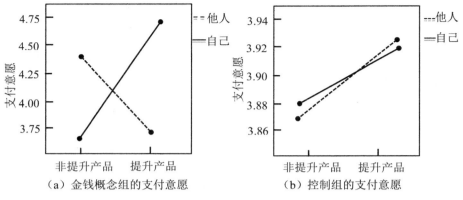

图 7-3 有无启动、选项类型和购买目标下的支付意愿

主效应分析显示，在金钱概念启动组，对于自我提升型产品，在为自己购买时的支付意愿（M=4.760，SD=1.506）要高于为他人购买时的支付意愿（M=3.740，SD=1.904，F（1，98）=8.828，p<0.05）；对于控制产品，在为自己购买时的支付意愿（M=3.700，SD=1.810）要高于为他人购买时的支付意愿（M=4.420，SD=1.819，F（1，98）=3.936，p<0.05）。另外，在金钱概念启动组，为自己购买时，自我提升产品的支付意愿（M=4.760，SD=1.506）要高于为控制产品的支付意愿（M=3.700，SD=1.810，t（49）=2.938，p<0.05）；而在为他人购买时，自我提升产品的支付意愿（M=3.740，SD=1.904）要小于为控制产品的支付意愿（M=4.420，SD=1.819，t（49）=−2.151，p<0.05）。

另外，在控制组，因为产品类型和购买目标对支付意愿的二维度交互影响不显著，因此，我们对这四组的支付意愿进行平均，控制组支付意愿均值 M=3.902，SD=1.861。那么，在金钱概念启动组中为自己购买提升产品的支付意愿（M=4.760，SD=1.506）要显著高于控制组支付意愿的均值（t（49）=4.029，p<0.05）。

7.3.4 长期金钱概念与自我提升产品选择实验调查研究

基明斯卡等人（KUŹMIŃSKA et al.，2015）认为，除了采用启动技术可以激发个体短暂的金钱概念，在现实生活中长期与金钱接触的群体可以不进行金钱刺激，也可以通过金钱启动获得金钱概念效果。为了区别启动技术产生的短暂金钱概念，本书定义这种金钱概念为长期金钱概念。基明斯卡等人（KUŹMIŃSKA et al.，2015）研究了长期金钱概念与信任之间的关系，实验表明，长期接触金钱的人（银行会计人员）会形成长期金钱概念，与启动金钱概念的参与者拥有类似行为，人与人之间的信任度变低。所以，本研究推测，长期与金钱财富接触的消费者，即使不用金钱启动方法，他们心理上也会存在金钱概念，消费时更愿意选择个人提升消费选项，但选择社会提升消费选项的意愿则较弱。

实验目的：验证长期金钱接触的消费者对自我提升产品有更多的偏好。

实验设计：我们根据基明斯卡等人（KUŹMIŃSKA et al.，2015）的研究认为银行前台工作人员因为工作特性长期接触金钱，拥有长期金钱概念，而大学学生管理人员接触金钱次数相对较少，为控制组。实验采用2（启动方式：银行前台工作人员 vs. 大学学生管理人员）×2（产品类型：自我提升产品 vs. 非自我提升产品）的组间组内实验设计，其中，启动方式为组间设计，产品类型为组内设计。本次共调查了93人，银行前台工作人员41名，大学学生管理人员52名，女性56人，占52.732%，$M_{年龄}=31.289$。实验材料为本章第1个实验研究所使用的材料，一种有助于睡眠的纯天然口服溶片，自我提升的口服溶片命名为 AITT，非自我提升的口服溶片命名为 BITT，AITT 和 BITT 都是虚构的名字。调查的结果是两种口服溶片的比较选择。

数据分析：方差分析显示银行前台工作人员的收入水平（M=2.804）要显著高于大学学生管理人员的收入水平（M=2.380，$F(1，95)=11.192$，p>0.05）。然后以收入水平为控制变量、启动方式为自变量、产品类型为因变量进行二元 logistic 回归分析，结果启动方式对自我提升产品的选择有显著影响($X^2(1) = 3.855$，p<0.05），银行前台工作人员选择自我提升产品的比例（61.702%［29/47］）显著高于大学学生管理人员选择自我提升产品的比例（40.000%［20/50］）。表明长期接触金钱的消费者易于形成长期金钱概念，对自我提升产品有更多偏好。

7.4　结论与讨论

金钱是我们生活中不可缺少的关键要素或资源，对我们的消费决策产生了深刻的影响，以至于在我们没有金钱的情况下，只要想到金钱就会改变我们的消费选择。我们通过 4 个实验研究验证了金钱概念能够影响消费者对自我提升产品的偏好。研究 1 表明，相对于非自我提升产品，启动金钱概念的消费者对自我提升产品的支付水平更高，即金钱概念正向影响消费者对自我提升产品的偏好。研究 2 验证了金钱概念对自我提升产品偏好的影响机制，实验结果表明，启动金钱概念后，消费者产生强烈的成就动机，会更愿意选择自我提升产品，成就动机是金钱概念对自我提升产品偏好影响的中介机制。研究 3 验证了金钱概念对不同购买目标的影响作用，实验结果发现金钱概念对自我提升产品偏好的影响只发生在购买目标是自己的情景中，而在为他人购买的情景中，金钱概念的影响作用则不显著。研究 4 验证了金钱概念影响自我提升产品偏好的稳健性，在现实生活中，长期接触金钱的消费者会产生慢性金钱概念对自我提升产品产生更多偏好，在对银行会计人员的调查研究中发现，相对于那些长期很少接触金钱的消费者，这群长期接触金钱的消费者对自我提升产品有更多的偏好。

我们的研究存在如下理论意义。

首先，实证了启动金钱概念会积极影响消费者的自我提升偏好，扩展了金钱概念在消费领域的研究内容。其次，根据自足理论，以往研究提出金钱概念对个体行为的影响是因为自足动机的作用，而我们根据福斯和他的研究团队（Vohs et al., 2008）用市场定价模型解释金钱概念影响的原理，提出了金钱概念还会影响消费者的成就动机，并验证了成就动机在金钱概念对自我提升偏好中起中介作用，丰富了金钱概念的动机理论以及影响机理研究。最后，探索了购买目标在金钱概念对自我提升偏好影响中的调节作用，详细检验了启动金钱概念的消费者在为他人和自己购买时，自我提升偏好存在差异，扩宽了金钱概念影响边界的研究。

我们的研究对企业营销有如下启示。

首先，对自我提升性产品的营销启示。在我们生活中，有很多企业在宣传产品时采用自我提升策略，比如鸿星尔克的宣传口号是"行动让潜能无限！"如果要让这些宣传策略获得好的效果，那么需要增加消费者对这些产品的偏好，可以对营销内容进行金钱暗示、刺激或产生金钱联想，让宣传受众产生金钱概念。另外，对于自我提升性产品，消费者的动机非常重要，企业应该让消费者产生成就动机，激发他们的成就目标，这样可以让他们从内心接受自我提升产品。

其次，对消费者购买目标的营销启示。在个人消费中，存在购买者和使用者不一致的情况，即为他人购买选择，比如礼品市场，对这类产品进行利益宣传时应该强调诸如关爱、关心、快乐等非自我提升的诉求，这样的诉求点更能吸引消费者购买，不过，如果该类型产品强调了自我提升性，那么企业宣传时就应该尽量减少对消费者的金钱刺激或者尽量阻断消费者产生金钱联想。在购买者和使用者一致的情况下，即为自己购买选择时，则需要尽量让消费者产生金钱联想或受到金钱刺激。

最后，对特定群体的营销启示。如果企业的目标市场对象是那些经常接触金钱的消费者，比如银行工作人员、企业的会计或出纳等，根据我们的研究结论，这类消费者容易产生慢性金钱概念，即使企业不对他们进行金钱刺激，他们也会比一般的消费者容易产生金钱概念，那么企业在为这些消费者生产产品时，宣传的诉求点应该尽量体现出自我提升性，有助于他们选择自我提升产品。

本次研究认为金钱概念可以影响消费者的成就动机，并对自我提升产品的偏好有积极影响，但也存在以下不足。

首先，我们认为消费者联想到金钱会产生金钱概念，比如富有、自由以及自足等状态，进而改变消费选择，并且在实验金钱刺激中验证了事前的假设。实际上，实验中所使用的金钱刺激材料是大额人民币或象征财富的金子等，这种金钱概念启动的方法在福斯和他的研究团队（Vohs et al.，2006）、吉诺和莫吉纳（Gino & Moginer，2014）以及舒勒和恩克（Schuler & Nke，2016）等研究中都有使用，且都实现了预期效果。不过，汉森等人（Hansen et al.，2013）认为，不同金钱刺激材料对消费者金钱概念的影响是不一样的，比如，如果金钱刺激材料是小额人民币，那么消费者可能联想到的是金钱缺乏概念，而不是金钱富有概念，消费选择行为与金钱富有概念是存在差异。因此，未来研究需要进一步划分金钱概念的类别，研究不同的影响机制或结果。

其次，我们认为成就动机是金钱概念对自我提升产品偏好产生的中介机制，没有对一些替代性解释进行验证。比如，金钱概念既会影响消费者的调节聚焦水平（Tong et al.，2013），又会影响消费者的社会距离等。因此，希望研究者在消费领域的金钱概念研究中能够寻找到更多的机制解释，我们认为理解金钱概念所激发的心理过程是理解消费者选择偏好的关键。

再次，金钱概念影响边界的研究。金钱概念存在影响边界，本次研究认为金钱概念对自我提升产品偏好只发生在为自己购买的情景中，这也是参照了刘及其团队（Liu et al.，2012）的研究，启动金钱概念的消费者会忽视他人的需求，会对他人的影响产生免疫作用。那么，金钱概念的影响是否还存在其他因素的调节作用（Schuler & Nke，2016），比如文化因素，因为已有金钱概念的研究是在西方文化背景下进行，涉及东西方文化差异产生的如何看待自我与他人的连接方式，即自我建构水平，是否会对金钱概念的作用存在调节影响。

最后，金钱概念持久性问题，前3个研究临时启动了消费者金钱概念，这是一种短暂金钱概念，第4个研究对象是特殊人群——银行工作者，认为他们存在持久金钱概念。由此引发我们思考，是否存在一种特质的金钱概念，一种金钱关注点个人差异，那么，关注个体持久金钱概念对自我提升产品偏好的影响将会非常有意思。

8 金钱概念与消费者的怀旧偏好

怀旧，一种对过去的眷恋之情，是企业在产品设计和广告宣传中经常使用的一个主题，是一个有效且有说服力的营销手段。卡贝什（Kabesh，2016）研究发现经济状况与怀旧存在一定的关联性，在经济危机时期，怀旧非常盛行。实际上，不仅仅经济危机时怀旧盛行，只要感到经济压力时，也会产生怀旧，如马丁内斯（Martinez，2013）在研究中国怀旧商品流行原因时，认为中国的"80后"群体面临着巨大的经济压力，工资水平不高，房价居高不下，导致怀旧风席卷了全中国。

经济状况会影响个体怀旧偏好，财富富足的个体，怀旧偏好较弱，而财富缺乏的个体，怀旧偏好强烈。另外，金钱概念的研究表明，很多人未必真正拥有财富，但如果进行金钱启动，容易形成金钱富足或缺乏概念，也会产生金钱财富富足或缺乏的效果，影响随后的消费行为（Vohs et al.，2006；Duclos et al.，2013）。例如，拥有金钱财富的个体有较差的人际关系，启动金钱富足概念的个体同样拥有较差的人际关系（Stenstrom et al.，2018）；拥有金钱财富的消费者自我提升欲望强烈，启动金钱富足概念的消费者同样自我提升欲望强烈。由此可以推测，既然个体真实的财富水平会影响消费者的怀旧偏好，那么，启动金钱概念应该也会影响消费者的怀旧偏好。目前，已有研究并没有直接回答金钱概念与怀旧偏好之间的关系，因此，有必要探究金钱概念对消费者怀旧偏好的影响关系，以帮助企业管理者更好地运用怀旧营销元素，尽可能满足消费者的怀旧需求。

8.1 怀旧

怀旧是一种积极唤起过去美好生活的回忆，是对年轻时(青春期、童年时期、婴儿时期甚至是出生前)常见的、流行的、时髦的或广泛传播的对象(人、地方或事物)的偏好(一般喜好、积极态度或有利影响)(Routledge et al.，2011)。黄及其团队(Huang et al.，2016)在对怀旧叙述内容进行分析时发现怀旧是一种自我相关情绪，并且个体怀旧记忆的内容多数是与他人有价值互动的生活事件，因此，多数研究者认为怀旧是过去事件通过某种方式所触发的情感、心情或情绪，是一种对过去美好事物的心理连通或情感体验。

怀旧不仅仅是对过去事件的情感，而且会对现在行为产生影响(Luo et al.，2016)。怀旧可以让消费者回忆起过去的美好时光，感受到更多的积极情绪，增加他们处理事件的耐心和对陌生人的移情水平(Wildschut et al.，2006；Zhou et al.，2013；Huang et al.，2016)。怀旧可以让消费者较好地控制偏见动机，减少对服务人员的偏见表达和偏见态度，增加自我监管资源，变得乐观，喜欢风险性决策(van Tilburg et al.，2015；Cheung et al.，2017)。怀旧还可以提升消费者的自我价值和自尊水平，让他们的思想变得更加开放、更有灵感和创新性(Wildschut et al.，2006；Cheung et al.，2013；Stephan et al.，2015)。

怀旧不仅仅对消费者心理和行为存在积极影响，还可以作为营销元素应用到企业的广告、产品以及品牌设计中(陈欢等，2016)。研究发现，当遭受社会排斥、不安全感增加、面临巨大压力以及权力缺失时，消费者比较喜欢带有怀旧特征的广告、产品或品牌(Loveland et al.，2010；Zhou et al.，2013；毕圣等，2016；陈欢等，2016)。

8.2　金钱概念与消费者怀旧偏好

怀旧是个体被唤起的对过去美好事件的回忆、享受体验和心理连通（Routledge et al.，2011）。而金钱概念作为一种心理资源（Zhou et al.，2013），为消费者提供力量去影响社会系统以满足个人利益。金钱概念对消费者怀旧偏好的影响可以从以下两方面来说明。

首先，金钱概念会影响消费者对他人的情感连接和情感体验。金钱富足概念的消费者会将更多的时间投入工作，同时减少对他人的关爱、热情、救助行为以及关系性的亲社会行为（Mogilner & Aaker，2010）。米德和斯塔佩（Mead & Stuppy，2014）的实验证明了金钱富足概念的消费者对具有意义事件的体验偏好较弱，例如，在儿童节活动中展示金钱财富线索，父母们在儿童节中获得的亲情体验变差。相反，金钱缺乏概念则会增强消费者与他人的情感连接和情感体验。金钱缺乏概念的消费者有强烈的社会排斥感、较低的自我效能，经常感到压力和困难，更多以他人为中心，会更希望得到他人的认可和关心，会主动增强社会连通性（Zhou et al.，2009；Duclos et al.，2013；Mok & Cremer，2017），回味过去美好时光，希望得到情感补偿，提升幸福感和满足感。

其次，金钱概念会影响消费者对物体的情感连接和情感体验。莫吉尔纳和阿克（Mogilner & Aaker，2009）研究发现，金钱富足概念的消费者容易采用理性思维思考问题，与产品的情感连接变差，容易想到冷冰冰的"交易"，强调产品的实用效用。奎德巴赫等人（Quoidbach et al.，2010）的实验证明了金钱富足概念的消费者对体验享受的偏好变弱，在品味巧克力时，花在体验享受上的时间更少。相反，缺乏金钱概念的消费者则更享受产品带来的情感体验，愿意与产品进行情感连接（Sharma & Alter，2012）。

由此可见，怀旧让人享有愉悦、放松的积极情感体验，金钱富足概念的消费者对这种情感体验有较少的偏好，而金钱缺乏概念的消费者对这种情感体验则有更多的偏好。因此，面对怀旧产品时，金钱缺乏概念的消费者要比金钱富足概念的消费者有更多的偏好。

假设 8-1：相对于金钱富足概念的消费者，金钱缺乏概念的消费者对怀旧有更多的偏好。

控制感是消费者认为自己能对外部事件和内心感受加以改变和操控的知觉，是自己能够在多大程度上影响事物结果的判断。控制感高的消费者有较强的自主性和较高的效能感，可以更好地应对生活中出现的逆境，减少消极情绪以及不安全感，减少与过去事物的情感连接和情感体验（Wildschut et al.，2006；Chorpita et al.，2016）。控制感低的消费者则对生活的可控性差，容易产生焦虑等消极情绪，会增加与过去事物的情感连接和情感体验（Zhou et al.，2013；Wildschut et al.，2006；毕圣等，2016；韦庆旺等，2018）。

控制感的高低会影响消费者的怀旧偏好。周及其团队（Zhou et al.，2013）实证了当消费者感到生活可控性差时，他们会试图通过对过去事物的怀念来寻找安慰，对怀旧商品有更多偏好。拉夫兰等人（Loveland et al.，2010）研究发现，当消费者感到不能掌控与他人的社会关系时，会更加喜欢怀旧体验，愿意选择怀旧产品。毕圣等（2016）发现控制感缺失会让他们产生更多的怀旧体验，偏好怀旧产品。因此，控制感会影响消费者的怀旧偏好，控制感越高，怀旧偏好越弱；控制感越低，怀旧偏好越强。

同时，金钱财富作为一种资源可以让消费者更好地掌控社会系统，连通社会网络，满足自己的需求，实现个人目标（Liu et al.，2012）。克劳斯等人（Kraus et al.，2009）认为金钱财富可以减轻人们的焦虑，增强控制感，让他们很好地应对生活中的突发事件。威廉等人（William et al.，1994）认为金钱作为社会资源可以补偿或替代控制感的缺失。而金钱概念的实证研究表明，金钱富足概念消费者的把控问题能力强，更少求助他人或者给予他人帮助，对他人影响有免疫作用（Liu et al.，2012），能够减少社会排斥的恐惧和痛苦（Zhou et al.，2009）。相反，金钱缺乏概念的消费者则拥有较低的控制感，如普赖斯等人（Price et al.，2002）实证了金钱缺乏的压力会降低个体自我控制，引发绝望情绪，心理较脆弱，容易产生身心疾病。

综上所述，我们认为金钱概念会影响消费者的控制感，而控制感的高低又会影响怀旧偏好。

假设 8-2：控制感在金钱概念对怀旧偏好的影响中起中介作用，即金钱富足概念的消费者有较高的控制感，怀旧偏好变弱；金钱缺乏概念的消费者有较低的控制感，怀旧偏好变强。

8.3　实验研究

8.3.1　金钱概念与怀旧产品选择

实验目的：采用金钱启动方式检验金钱概念对消费者怀旧产品选择的影响。

实验设计：采用 3(启动类型：富足 vs. 缺乏 vs. 控制)×2(产品类型：怀旧 vs. 非怀旧)的实验设计，启动类型为组间设计，产品类型是组内设计。141 位商学类专业的大学生参与了实验，女性 113 人，占 80.142%，$M_{年龄} = 41.440$。

实验方法与过程：告知参与者进行一次消费选择的实验，每位参与者可以获得一个小礼品。141 名参与者被随机安排在金钱富足概念组(49人)、金钱缺乏概念组(41 人)和控制组(51 人)。德玛莉等人(Demarree et al., 2005)认为非我刻板印象的激活会通过启动一致的方式影响个体自我陈述偏见，然后激活自我概念，产生行为，即启动的内容只要有一些或包含在个体自我概念，就能激活该自我概念，刺激个体产生与自我概念一致的行为。金钱概念启动采用夏尔马和阿尔特(Sharma & Alter, 2012)的方法，让参与者阅读一段文字，回忆某个时刻的经济状况，刺激他们的金钱概念认知。

金钱富足概念启动的文字描述："请您想象一下，您个人的经济状况要比身边的朋友或同学要好的情景，并请您具体描述一下这种情景，以及此时的心理感受状态。"

金钱缺乏概念启动的文字描述："请您想象一下，您个人的经济状况要比身边的朋友或同学要差的情景，并请您具体描述一下这种情景，以及此时的心理感受状态。"

控制组则展示中性文字描述："请您想象一下，您与身边的朋友或同学快乐相处的情景，并请您具体描述一下这种情景，以及此时的心理感受状态。"

启动任务完成后，告知参与者，九峰冷饮有限公司最近推出两种品牌的雪糕，"摩登"雪糕和"记礼"雪糕（公司和品牌都是虚构的），并向他们展示这两个品牌雪糕的图片。"摩登"雪糕宣传语强调"柔滑细腻"，使用现代气息浓厚的包装；"记礼"雪糕宣传语强调"儿时的回忆"，使用复古图案的包装。在正式实验之前，我们对这两个品牌的怀旧感进行了前测，结果显示"记礼"雪糕（$M_{记忆} = 3.441$，$SD = 1.941$）要比"摩登"雪糕（$M_{摩登} = 2.268$，$SD = 1.350$）更有怀旧感，$F(1, 116) = 14.436$，$p < 0.001$。

最后，要求参与者报告选择难度（1 表示非常容易，7 表示非常难）、情绪（1 为非常差，7 为非常好）、年龄和性别。

数据分析：首先，使用方差检验，分析参与者的选择难度和情绪水平。结果显示，参与者的选择难度没有差异，$M_{缺乏} = 3.490$（$SD = 1.459$），$M_{富足} = 3.244$（$SD = 1.280$），$M_{控制组} = 3.451$（$SD = 1.419$），$F(2, 138) = 0.392$，$p > 0.05$；参与者的情绪水平有显著差异，$M_{缺乏} = 3.816$（$SD = 2.138$），$M_{富足} = 4.171$（$SD = 1.564$），$M_{控制组} = 4.667$（$SD = 1.211$），$F(2, 138) = 3.225$，$p < 0.05$，控制组的参与者的情绪水平要显著高于金钱缺乏概念的参与者（$F(1, 98) = 6.050$，$p < 0.05$），但是，控制组和金钱富足概念的参与者之间的情绪水平没有显著差异（$F(1, 90) = 2.940$，$p > 0.05$）。

接着，分析金钱概念对怀旧偏好的影响。以启动类型为自变量，怀旧选择为因变量，选择难度、情绪水平、性别和年龄作为控制变量，进行二元 logistic 回归分析，结果显示，金钱启动显著影响参与者的怀旧选择（$\chi^2(2) = 15.529$，$p < 0.001$），见图 8-1 的金钱概念与怀旧产品选择。结果显示，金钱缺乏概念参与者选择怀旧产品的比例（71.429% [35/49]）显著

高于金钱富足概念参与者的选择比例(26.829%[11/41]，$X^2(1) = 17.772$，p<0.01)和控制组的选择比例(49.020%[25/51]，$X^2(1) = 5.229$，p<0.05)，而金钱富足概念的参与者选择怀旧产品的比例要显著小于控制组($X^2(1) = 4.701$，p<0.05)。验证了假设8-1，相对于金钱富足概念的消费者，金钱缺乏概念的消费者对怀旧有更多的偏好。

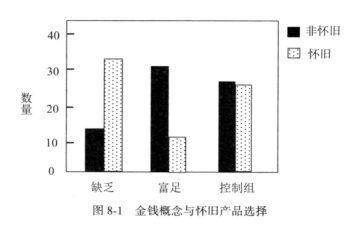

图 8-1　金钱概念与怀旧产品选择

8.3.2　长期金钱概念状态与怀旧偏好

由于生活或工作环境的差异，消费者对金钱的敏感性存在差异，潜意识中的富足或缺乏感也不一样，有些消费者就有可能长期处于金钱富足状态或缺乏状态(郭国庆、陈炜，2015)。例如，基明斯卡等人(KUŹMIŃSKA et al.，2015)的实验证明了那些从事金钱职业的消费者就长期处于金钱富足状态，更有金钱富足感。所以，长期处于富足状态或缺乏状态的消费者，就可能长期拥有诸如自主、独立、富足或懦弱、困境、匮乏等概念认知。本实验将验证长期处于富足状态或缺乏状态的消费者的怀旧偏好差异。

实验目的：主要检验长期处于金钱富足状态或金钱缺乏状态的消费者的怀旧偏好差异。

实验设计：采用单因素（金钱概念：富足 vs. 缺乏）组间实验设计，邀请 77 名南昌某商学院本科三年级学生参加这次实验，女生 49 人，占 63.636%，$M_{年龄} = 21.494$。

实验方法与过程：通过查阅与金钱概念相关的文献，查找出能够反映消费者金钱概念认知的 12 个词语，分别为自主（Liu et al., 2012）、独立（Hansen et al., 2013）、地位（Tong et al., 2013）、自信（Zhou et al., 2009）、力量（Zhou et al., 2009）、自由（Vohs et al., 2006）、匮乏（Zhou et al., 2009）、成本（Tong et al., 2013）、无能为力（Liu et al., 2012）、懦弱（Hansen et al., 2013）、困境（Hansen et al., 2013）、徒劳无益（Vohs et al., 2006）。前 6 个为富足概念认知，后 6 个为缺乏概念认知。

向参与者展示这 12 个词语，要求他们从中选择出 6 个最能代表他们内心状态的词语。参与者选择的 6 个词语中如果代表富足概念的词语有 4 个及以上，那么他将被认为处于金钱富足状态；如果代表富足的词语在 3 个及以下，那么他将被认为处于金钱缺乏状态。最终得出：45 名参与者处于金钱缺乏状态，32 名参与者处于金钱富足状态。

接着要求参与者进行怀旧消费选择。参照陈欢等（2016）的怀旧消费设计，告知参与者今晚学校剧院有两场音乐会，现有一张音乐会门票兑换券，可兑换任一场音乐会的门票。向参与者展现这两场音乐会的主题信息。怀旧音乐会的主题描述为"岁月留声"，强调"重温记忆中的歌声，讲述光阴流转的故事"；非怀旧音乐会的主题描述为"音海徜徉"，强调"捕捉跳跃的音符，编织绚烂多彩的乐章"。在正式实验之前，我们对这两场音乐会的怀旧评价进行了前测，结果显示"岁月留声"音乐会（$M = 4.898$，$SD = 2.163$）要比"音海徜徉"音乐会（$M = 3.021$，$SD = 1.717$）更有怀旧感，$F_{(1, 116)} = 27.380$，$p < 0.001$。

选择任务完成后，还要求参与者报告对音乐会的喜爱程度（1 表示更喜欢"音海徜徉"音乐会，3 表示没有区别，7 表示更喜欢"岁月留声"音乐会）。最后，还要求参与者报告任务选择难度（1 表示非常容易，7 表示非常难）、情绪（1 为非常差，7 为非常好）、年龄和性别。

数据分析：首先，使用方差检验分析参与者的选择难度和情绪水平。金钱缺乏状态参与者的选择难度（M=3.733，SD=1.269）与金钱富足状态参与者的选择难度（M=3.334，SD=1.534）没有显著的差异，$F_{(1,75)}$=1.588，p>0.05；金钱缺乏状态参与者实验时的情绪水平（M=3.911，SD=1.427）要显著低于金钱富足状态参与者的情绪水平（M=4.719，SD=1.708），$F_{(1,75)}$=5.080，p<0.05。

接着，分析金钱概念对怀旧消费偏好的影响。以金钱概念为自变量，怀旧消费选择为因变量，选择难度、情绪水平、性别和年龄作为控制变量，进行二元 logistic 回归分析。结果显示，金钱概念显著影响参与者的怀旧消费选择（$\chi^2(1)$=20.511，p<0.001），见图 8-2 的长期金钱概念状态与怀旧偏好。金钱缺乏状态的参与者选择怀旧消费的比例（40.000%[18/45]）显著高于金钱富足状态参与者的选择比例（9.375%[3/32]）。

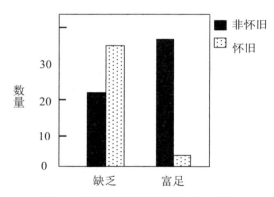

图 8-2　长期金钱概念状态与怀旧偏好

最后，以音乐会喜爱程度为因变量进行方差分析，结果显示，金钱缺乏状态的参与者对怀旧音乐会的喜爱程度（M=4.289，SD=1.660）要显著高于金钱富足状态的参与者对怀旧音乐会的喜爱程度（M=2.625，SD=1.540），$F_{(1,75)}$=19.940，p<0.001。这进一步说明了相对于金钱富足状态的参与者，金钱缺乏状态的参与者更愿意选择怀旧消费。

8.3.3　金钱概念与怀旧广告评价

实验目的：检验控制感在金钱概念对怀旧偏好影响中的中介作用。

实验设计：采用 2（启动类型：富足 vs. 缺乏）×2（产品类型：怀旧 vs. 非怀旧）的实验设计，启动类型是组间设计，产品类型是组内设计。187 位商学类专业的大学生参与了实验，女性 123 人，占 65.775%，$M_{年龄} = 19.710$。

实验方法和过程：告知参与者进行一次消费选择的实验，每位参与者可以获得一个小礼品。105 名参与者被随机安排在金钱富足概念组（41 人）、金钱缺乏概念组（64 人）。金钱概念启动采用夏尔马和阿尔特（Sharma & Alter，2012）的方法，要求让参与者阅读一段金钱富足或金钱缺乏的文字，刺激他们的金钱概念认知。

金钱富足概念启动使用的文字材料："王秋杨从小生活在富裕的家庭，父母都是大学教授。大学毕业后，自己开办了一家地产公司，目前，个人资产大约在 9000 万元左右。每天在公司食堂用餐，自己开车上下班，衣服都在淘宝上购买，喜欢探险旅游，并准备了价值上百万的路虎越野车。"

金钱缺乏概念启动使用的文字材料："王秋杨来自贵州偏远的农村地区，父母都是农民，特困户家庭。初中没有毕业，去了县城，在工地打零工，收入只够维持生活，平时喝点白酒，喜欢逛淘宝，衣服都在淘宝上购买。目前，家里的房子漏雨太严重，需要一笔钱来维修。"

文字材料阅读完后，向参与者展示实验 2 使用的 12 个词语，要求他们选择出 6 个词语用来表达此时的心理状态。然后要求他们完成控制感测量，量表参照米奇诺夫（Michinov，2005）的测量方法，共 12 个测项，a 系数为 0.942。

接着要求参与者进行怀旧消费选择。参照米林等人（Muehling et al.，2014）的怀旧消费设计，要求参与者对两个牙膏广告进行评价，选择自己喜欢的广告。

怀旧广告，主题描述为"记忆"，广告词为"你能记起小时候这些时刻吗，大大泡泡糖、魂斗罗游戏，歌曲《水手》和《心太软》……那时的生活是美好的，直到现在；××牙膏……漂亮、健康和笑对生活"。

非怀旧广告，主题描述为"当前"，广告词是"你有没有注意到最近发生的事情、微信、电视剧、共享单车……生活非常有趣，并且永远都是；××牙膏……漂亮、健康和笑对生活"。

在正式实验之前，我们对这两个广告的怀旧评价进行了前测。结果显示"记忆"主题广告（M = 3.323，SD = 2.208）要比"当前"主题广告（M = 2.526，SD = 1.765）更有怀旧感，$F(1, 116) = 4.684$，$p < 0.05$。

最后要求参与者报告任务选择难度（1 表示非常容易，7 表示非常难）、情绪（1 为非常差，7 为非常好）、年龄和性别。

数据分析：首先，使用方差检验分析参与者的选择难度和情绪水平。参与者在实验时的选择难度没有显著差异，$M_{缺乏} = 3.078$（SD = 1.546），$M_{富足} = 2.878$（SD = 1.453），$F(1, 103) = 0.438$，$p > 0.05$；金钱富足概念参与者的情绪水平（$M_{富足} = 4.976$，SD = 1.084）要显著高于金钱缺乏概念参与者的情绪水平（$M_{缺乏} = 4.281$，SD = 1.685），$F(1, 103) = 5.493$，$p < 0.05$。参与者选择富足词语的数量存在显著差异，金钱缺乏概念参与者富足词语选择的数量（$M_{缺乏概念} = 2.391$，SD = 1.733）要显著小于金钱富足概念参与者选择的数量（$M_{富足} = 4.195$，SD = 1.308），$F(1, 103) = 32.528$，$p < 0.001$，说明本次实验的金钱概念操控是成功的。另外，金钱缺乏概念参与者的控制感水平（$M_{缺乏} = 3.423$，SD = 1.376）要显著低于金钱富足概念参与者（$M_{富足} = 4.201$，SD = 0.963），$F(1, 103) = 9.95$，$p < 0.01$。

接着，分析金钱概念对怀旧偏好的影响。以启动类型为自变量，广告选择为因变量，选择难度、情绪水平、性别和年龄作为控制变量，进行二元 logistic 回归分析。结果显示，金钱概念显著影响参与者怀旧广告选择（$\chi^2(1) = 16.200$，$p < 0.001$），见图 8-3 的金钱概念与怀旧广告选择。金钱缺乏概念参与者选择怀旧广告的比例（54.688%[35/64]）显著高于金钱富足概念参与者的选择比例（17.073%[7/41]）。验证了假设 8-1，相对于金钱富足概念的消费者，金钱缺乏概念的消费者对怀旧有更多的偏好。

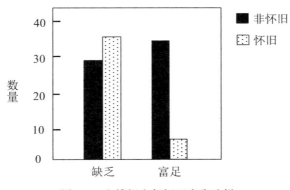

图 8-3　金钱概念与怀旧广告选择

最后，检验控制感在金钱概念对怀旧偏好影响中的中介作用。以广告选择为因变量，启动类型为自变量，控制感为中介变量，选择难度、情绪水平、性别和年龄为控制变量，按照赵及其团队(Zhao et al.，2010)提出的中介效应检验程序，参照海耶斯(Hayes，2013)提出的可以用 Bootstrap 方法进行检验，样本量选择为 5000，Bootstrap 取样方法选择偏差校正的非参数百分位法，中介模型选择模型 4，置信区间为 95%。结果显示，控制感在启动类型对广告选择的影响中存在显著的中介效应，中介效应值为 −2.351，SD = 3.650，中介效应值范围为 −6.499 ~ −0.346，但没有包含 0。参与者感到金钱缺乏认知时，控制感较低，而感到金钱富足认知时，控制感较高，金钱概念对控制感的影响系数为 0.784，SD = 0.245，影响系数估计值范围为 0.299 ~ 1.269。控制感越低，越愿意选择怀旧广告，控制感对怀旧广告选择的影响系数为 −2.999，SD = 0.627，影响系数估计值范围为 −4.228 ~ −1.770。验证了假设 8-2，控制感在金钱概念对怀旧偏好的影响中起中介作用。

另外，参与者的情绪水平存在显著差异，因此，有必要检验金钱概念是否会通过情绪的作用来对怀旧偏好产生影响。结果显示，情绪在金钱概念对怀旧消费偏好的影响中不存在中介效应，中介效应值为 0.182，SD = 0.944，中介效应值范围为 −3.452 ~ 0.488，包含 0。

8.4 结论与讨论

金钱是我们维持日常生活的重要内容，积极影响我们的思维方式和目标选择，以至于在消费时，只要受到金钱刺激，我们就有可能改变消费决策。本次研究通过 3 个实验验证了金钱概念会影响消费者的怀旧偏好。金钱概念有两个形态：金钱富足概念和金钱缺乏概念。实验 1 通过金钱启动技术，验证了相对于金钱富足概念的参与者，金钱缺乏概念的参与者对怀旧产品有更多的偏好。消费者对金钱的敏感性不一样，对金钱的概念认知水平存在差异，会形成一种稳定的长期金钱概念状态。实验 2 验证了相对于长期处于金钱富足状态的消费者，长期处于金钱缺乏状态的消费者对怀旧产品有更多的偏好。实验 3 验证了金钱富足概念的消费者有较高的控制感，怀旧偏好较弱；金钱缺乏概念的消费者有较低的控制感，怀旧偏好较强。

本研究有助于丰富金钱概念和消费者怀旧消费的研究内容。过去，有关金钱概念形态的研究相对分散，没有区分金钱富足概念和金钱缺乏概念。我们则对金钱概念形态的研究进行了拓展，验证了学者们提出的金钱概念可以有富足概念认知和缺乏概念认知（郭国庆和陈炜，2015；李爱梅等，2016），并比较了金钱缺乏概念和金钱富足概念这两种形态，发现金钱缺乏概念和金钱富足概念对消费者决策都会产生影响，拓展了金钱概念的研究领域。

其次，丰富了金钱概念启动方式的研究。已有文献多数使用心理启动技术，刺激短暂的金钱认知，即给予金钱材料，短时间内启动消费者的金钱概念。本研究认为消费者生活背景不同，对金钱的认知也不一样，可能存在长期金钱富足或金钱缺乏的认知状态，通过金钱富足和金钱缺乏有关的词语测量消费者金钱概念的水平，丰富了金钱概念操纵效果评价方法。

最后，我们验证了金钱概念对消费者怀旧偏好的影响关系，丰富了怀旧消费的研究内容。已有研究认为消费者的压力、权利和不安全感等对怀旧偏好存在影响，而我们认为金钱概念也是影响消费者怀旧偏好的因素，金钱富足概念的消费者会偏好非怀旧消费，而金钱缺乏概念的消费者偏好怀旧消费，这也与拉萨莱塔等人（Lasaleta et al., 2014）的研究——怀旧影响消费者金钱偏好的研究相互呼应。另外，我们提出了控制感是金钱概念影响怀旧偏好的作用机制，金钱概念会影响消费者的控制感水平，进而影响他们的怀旧偏好，丰富了金钱概念心理反应机制的研究。

本研究结论启示企业怀旧营销。

首先，本研究可以帮助企业更好地实施怀旧销售策略。未来相当长的一段时间是我国经济发展的快速时期，人们收入水平不断提高。从经济危机与怀旧消费的相关性分析，消费者的怀旧消费偏好下降。不过，根据我们的研究，金钱可以是一种财富，还可以是一种概念，企业可以通过金钱刺激启动金钱缺乏概念，那么不论消费者财富多少，他们都会偏好怀旧消费，最终提高企业怀旧产品的销售量。

其次，本研究可以帮助企业更好地提升怀旧广告的宣传效果。企业在为宣传怀旧商品时，可以在广告中嵌入一些启动消费者金钱缺乏认知的刺激信息，如在广告信息中，嵌入诸如贫穷、匮乏、困境以及金钱剥离等信息，提升消费者的怀旧偏好，让消费者更好地认同、信任怀旧广告，获得更好的广告宣传效果。

最后，本研究结论可以帮助企业更好地识别怀旧消费市场。在社会发展过程中，总有一部分群体社会控制感较低，例如，"80 后"和"90 后"群体（陈欢等，2016）。"80 后"群体作为家庭支柱，面临高昂的房价，上有老，下有小的问题，往往会感知到工资不够用，感到金钱财富缺乏，容易产生金钱缺乏感，怀旧偏好强烈，喜欢怀旧消费。同样，"90 后"群体也已进入职场，接触社会，发现自己面对很多社会问题时不能解决，出现较低控制感。当这部分群体产生较低控制感时，往往容易怀旧，喜欢怀旧消费。因此，通过本研究，可以帮助企业更好地识别出怀旧消费市场，进行精准营销。另外，本研究可以帮助企业更好地运用怀旧营销要素，当目标市场感知金钱缺乏或控制水平低下时，企业可以用怀旧诉求提升目标市场对品牌和产品的喜爱，如在产品包装、品牌标志设计等上面增加怀旧元素，迎合目标市场的怀旧偏好，增加产品销售量。

金钱概念积极影响消费者的控制感水平，并对怀旧消费偏好产生积极影响。本次研究我们尽量做到科学、准确和全面，但有些内容还是欠缺考虑，存在不足。

有关金钱富足概念和金钱缺乏概念的测量。本研究通过金钱富足和缺乏认知词语的数量来衡量消费者是处于金钱富足状态还是处于金钱缺乏状态，根据怀旧消费选择的结果，间接证明这种测量方法有效，但缺少规范性证明，缺少信度和效度检验。因此，希望未来能够设计量表型测量方法，提高金钱概念测量的信度和效度。

其次，有关机制的解释，我们检验了控制感在金钱概念对怀旧消费影响中起中介作用，但没有对替代性影响机制进行检验。如，刘及其团队（Liu et al., 2012）的研究表明，金钱富足概念容易产生自我聚焦，那么，金钱缺乏概念是否容易产生他人聚焦。另外，消费者聚焦差异是否也会在金钱概念对怀旧消费影响中起中介作用，这需要以后有更多的检验。

最后，金钱概念影响边界的研究。怀旧分为个人怀旧和集体怀旧，我们在研究时没有进行细分。另外，自我概念不同，怀旧偏好也不一样。因此，这些因素是否会调节金钱富足和缺乏概念对怀旧消费的影响效果，我们没有做进一步的检验。

参 考 文 献

AAKER J L, GARBINSKY E N, VOHS K D. Cultivating admiration in brands: Warmth, competence, and landing in the "golden quadrant"[J]. Journal of Consumer Psychology, 2012, 22(2): 191-194.

AAKER J, VOHS K D, MOGILNER C. Nonprofits are seen as warm and for-profits as competent: Firm stereotypes matter[J]. Journal of Consumer Research, 2010, 37(2): 224-237.

AFI ABUI DZOKOTO V, CLIFFORD MENSAH E, OPARE-HENAKU A. A bird, a crocodile, and the 21st century cowrie shell: Analyzing Ghana's currency change[J]. Journal of Black Studies, 2011, 42(5): 715-736.

ALLARD T, WHITE K. Cross-domain effects of guilt on desire for self-improvement products[J]. Journal of Consumer Research, 2015, 42(3): 401-419.

ARIELY D, LEVAV J. Sequential choice in group settings: Taking the road less traveled and less enjoyed[J]. Journal of Consumer Research, 2000, 27: 279-290.

ATALAY A S, MELOY M G. Retail therapy: A strategic effort to improve mood [J]. Psychology & Marketing, 2011, 28(6): 638-659.

BAKER S M, GENTRY J W, RITTENBURG T L. Building understanding of the domain of consumer vulnerability[J]. Journal of Macromarketing, 2005, 25 (2): 128-139.

BAUMEISTER R F, VOHS K D. Self-Regulation, ego depletion, and motivation [J]. Social and Personality Psychology Compass, 2007, 1(1): 115-128.

BAUMEISTER R F. Yielding to temptation: self-control failure, impulsive purchasing, and consumer behavior[J]. Journal of Consumer Research, 2002, 28(4): 670-676.

BENENSON J F, MARKOVITS H, THOMPSON M E, et al. Under threat of social exclusion, females exclude more than males[J]. Psychological Science, 2011, 22(4): 538-544.

BERGER J, HEATH C. Where consumers diverge from others: Identity-signaling and product domains [J]. Journal of Consumer Research, 2007, 34: 121-134.

BOUCHER H C, KOFOS M N. The idea of money counteracts ego depletion effects[J]. Journal of Experimental Social Psychology, 2012, 48 (4): 804-810.

BOWDEN E M, JUNG-BEEMAN M. Normative data for 144 compound remote associate problems[J]. Behavior Research Methods, Instruments, & Computers, 2003, 35(4): 634-639.

BRINBERG D, CASTELL P. A resource exchange theory approach to interpersonal interactions: A test of Foa's theory[J]. Journal of Personality and Social Psychology, 1982, 43(2): 260-269.

BURGESS S M. The importance and motivational content of money attitudes: South Africans with living standards similar to those in industrialised Western countries[J]. South African Journal of Psychology, 2005, 35(1): 106-126.

BURROUGHS J E, DAHL D W, MOREAU C P, et al. Facilitating and Rewarding Creativity During New Product Development[J]. Journal of Marketing, 2011, 75(4): 53-67.

CARPENTER J S. Self-esteem and well-being among women with breast cancer and women in an age-matched comparison group[J]. Journal of Psychosocial Oncology, 1998, 15(3-4): 59-80.

CARUSO E M, VOHS K D, BAXTER B, et al. Mere exposure to money increases endorsement of free-market systems and social inequality[J]. Journal of Experimental Psychology: General, 2013, 142(2): 301-306.

CARVER C S. Impulse and constraint: Perspectives from personality psychology, convergence with theory in other areas, and potential for integration[J]. Personality and social psychology review, 2005, 9(4): 312-333.

CHEN Y. Money attitudes in monetary and non-monetary criminals in china [C]//2021 2nd International Conference on Mental Health and Humanities Education (ICMHHE 2021). Atlantis: Atlantis Press, 2021: 1-5.

CHEUNG W Y, SEDIKIDES C, WILDSCHUT T. Nostalgia proneness and reduced prejudice[J]. Personality and Individual Differences, 2017, 109 (4): 89-97.

CHEUNG W Y, WILDSCHUT T, SEDIKIDES C, et al. Back to the future: Nostalgia increases optimism[J]. Personality and Social Psychology Bulletin, 2013, 39(11): 1484-1496.

CHIRUMBOLO A, LIVI S, MANNETTL L, et al. Effects of Need for Closure on Creativity in Small Group Interactions[J]. European Journal of Personality, 2004, 18(4): 265-278.

CHORPITA B F, BROWN T A, BARLOW D H. Perceived Control as a Mediator of Family Environment in Etiological Models of Childhood Anxiety-Republished Article[J]. Behavior Therapy, 2016, 47(5): 622-632.

COMMURI S, EKICI A. An enlargement of the notion of consumer vulnerability [J]. Journal of Macromarketing, 2008, 28(2): 183-186.

CUDDY A J C, FISKE S T, GLICK P. Warmth and competence as universal dimensions of social perception: The stereotype content model and the BIAS map[J]. Advances in experimental social psychology, 2008, 40 (1): 61-149.

CUDDY A J C, FISKE S T, KWAN V S Y, et al. Stereotype content model across cultures: Towards universal similarities and some differences [J]. British journal of social psychology, 2009, 48(1): 1-33.

CUDDY A J C, FISKE S T, GLICK P. Warmth and competence as universal dimensions of social perception: The stereotype content model and the BIAS map[J]. Advances in experimental social psychology, 2008, 40: 61-149.

CUMMINS R A. Personal income and subjective well-being: A review [J]. Journal of happiness studies, 2000, 1(2): 133-158.

CUMMINS R A. The second approximation to an international standard for life satisfaction[J]. Social indicators research, 1998, 43(3): 307-334.

D'ASTOUS A. An inquiry into the compulsive side of "normal" consumers[J]. Journal of consumer policy, 1990, 13(1): 15-31.

DAVIS M A. Understanding the relationship between mood and creativity: A meta-analysis[J]. Organizational behavior and human decision processes, 2009, 108(1): 25-38.

DE DREU C K W, BAAS M, NIJSTAD B A. Hedonic tone and activation level in the mood-creativity link: toward a dual pathway to creativity model[J]. Journal of Personality & Social Psychology, 2008, 94(5): 739-756.

DEMARREE K G, WHEELER S C, PETTY R E. Priming a new identity: self-monitoring moderates the effects of nonself primes on self-judgments and behavior[J]. Journal of Personality & Social Psychology, 2005, 89 (5): 657-71.

DICKMAN S J. Functional and dysfunctional impulsivity: personality and cognitive correlates[J]. Journal of personality and social psychology, 1990, 58(1): 95-102.

DIENER E, BISWAS-DIENER R. Will money increase subjective well-being? [J]. Social indicators research, 2002, 57(2): 119-169.

DIENER E, LUCAS R E. Explaining differences in societal levels of happiness: Relative standards, need fulfillment, culture, and evaluation theory [J].

Journal of Happiness studies, 2000, 1(1): 41-78.

DIENER E, SUH E, LUCAS R, et al. Subjective well-being: Three decades of progress. Psychological Bulle tin, 1999, 125 (2): 276-302.

DORMANN C F, ELITH J, BACHER S, et al. Collinearity: a review of methods to deal with it and a simulation study evaluating their performance[J]. Ecography, 2013, 36(1): 27-46.

DUCLOS R, WAN E W, JIANG Y W. Show me the honey! effects of social exclusion on financial risk-taking[J]. Journal of Consumer Research, 2013, 40(1): 122-135.

DUNN E W, GILBERT D T, WILSON T D. If money doesn't make you happy, then you probably aren't spending it right[J]. Journal of Consumer Psychology, 2011, 21(2): 115-125.

DZOKOTO V A A, YOUNG J, MENSAH C E. A tale of two Cedis: Making sense of a new currency in Ghana[J]. Journal of Economic Psychology, 2010, 31(4): 520-526.

ECKERSLEY R. Portraits of youth: Understanding young people's relationship with the future[J]. Futures, 1997, 29(3): 243-249.

EDWARDS S M, LEE J K, LAFERLE C. Does place matter when shopping online? Perceptions of similarity and familiarity as indicators of psychological distance[J]. Journal of Interactive Advertising, 2009, 10: 35-50.

FARID D S, ALI M. Effects of personality on impulsive buying behavior: Evidence from a developing country[J]. Econstor Open Access Articles, 2018, 5: 31-43.

FARID M, LAZARUS H. Subjective well-being in rich and poor countries[J]. Journal of Management Development, 2008, 27(10): 1053-1065.

FENTON-O'CREEVY M, FURNHAM A. Money attitudes, personality and chronic impulse buying[J]. Applied Psychology, 2020, 69(4): 1557-1572.

FENTON-O'CREEVY M, DIBB S, FURNHAM A. Antecedents and consequences of chronic impulsive buying: Can impulsive buying be understood as dysfunctional self-regulation? [J]. Psychology & Marketing, 2018, 35 (3): 175-188.

FISKE S T, CUDDY A J C, GLICK P. Universal dimensions of social cognition: Warmth and competence[J]. Trends in cognitive sciences, 2007, 11(2): 77-83.

FOA E B, FOA U G. Resource theory: Interpersonal behaviour as exchange [M]// GERGEN K J, GREENBERG M S, WHITE R H. Social exchange: Advances in theory and practice. New York: Plenum, 1980.

FOA U G. Interpersonal and economic resources [J]. Science, 1971, 171 (3969): 345-351.

FOURNIER S. Lessons learned about consumers' relationships with their brands [M]. London: Routledge, 2014.

FREY B S, STUTZER A. What can economists learn from happiness research? [J]. Journal of Economic literature, 2002, 40(2): 402-435.

FRIEDMAN R S, FÖRSTER J. Implicit affective cues and attentional tuning: an integrative review[J]. Psychological bulletin, 2010, 136(5): 875-893.

FRIEDMAN R S, FÖRSTER J. The Effects of Promotion and Prevention Cues on Creativity[J]. Journal of personality and social psychology, 2001, 81(6): 1001-1013.

FUJITA K, EYAL T, CHAIKEN S, et al. Influencing attitudes toward near and distant objects[J]. Journal of Experimental Social Psychology, 2008, 44 (3): 562-572.

FURNHAM A, ARGYLE M. The psychology of money [M]. Psychology Press, 1998.

FURNHAM A, HEAVEN P. Personality and social behaviour [M]. Arnold, 1999.

FURNHAM A, MURPHY T A. Money types, money beliefs, and financial wor-

ries: An Australian study[J]. Australian Journal of Psychology, 2019, 71
(2): 193-199.

FURNHAM A, VON STUMM S, FENTON-O'CREEVY M. Sex differences in
money pathology in the general population[J]. Social indicators research,
2015, 123(3): 701-711.

FURNHAM A, VON STUMM S, MILNER R. Moneygrams: Recalled childhood
memories about money and adult money pathology[J]. Journal of Financial
Therapy, 2014, 5(1): 40-54.

FURNHAM A, WILSON E, TELFORD K. The meaning of money: The
validation of a short money-types measure[J]. Personality and Individual
Differences, 2012, 52(6): 707-711.

FURNHAM A. Attitudinal correlates and demographic predictors of monetary be-
liefs and behaviours[J]. Journal of Organizational Behavior, 1996, 17(4):
375-388.

FURNHAM A. Individual differences, affective and social factors[J]. Behavioral
and Brain Sciences, 2006, 29(2): 185-186.

FURNHAM A. Many sides of the coin: The psychology of money usage[J]. Per-
sonality and individual Differences, 1984, 5(5): 501-509.

GAERTNER L, SEDIKIDES C, CAI H. Wanting to be great and better but not
average on the pancultural desire for self-Enhancing and self-improving feed-
back[J]. Journal of Cross-Cultural Psychology, 2012, 43(4): 521-526.

GILBERT D T, WILSON T D. Prospection: Experiencing the future [J].
Science, 2007, 317(5843): 1351-1354.

GINO F, PIERCE L. The abundance effect: Unethical behavior in the presence
of wealth [J]. Organizational Behavior and Human Decision Processes,
2009, 109(2): 142-155.

GOLDBERG H, LEWIS R T. Money madness: The psychology of saving, spend-
ing, loving, and hating money[M]. Wellness Institute, Inc., 2000.

GORODNICHENKO Y, ROLAND G. Individualism, Innovation, and Long-run Growth[J]. Proceedings of the National Academy of Sciences, 2011, 108 (S4): 21316-21319.

GUYER J I. Introduction: The currency interface and its dynamics[M]//HOP-KINS A G. Money matters: Instability, values and social payments in the modern history of West African communities Portsmouth, NH: Heinemann. 1995: 1-37.

HANSEN J, KUTZNER F, WÄNKE M. Money and thinking: reminders of money trigger abstract construal and shape consumer judgments[J]. Journal of Consumer Research, 2013, 39(6): 1154-1166.

HARNISH R J, ROSTER C A. The tripartite model of aberrant purchasing: A theory to explain the maladaptive pursuit of consumption[J]. Psychology & Marketing, 2019, 36(5): 417-430.

HARRIS M B, MILLER K C. Gender and perceptions of danger[J]. Sex Roles, 2000, 43(11): 843-863.

HAWS K L, DAVIS S W, DHOLAKIA U M. Control over what? Individual differences in general versus eating and spending self-control[J]. Journal of Public Policy & Marketing, 2016, 35(1): 37-57.

HAYES A F. An introduction to mediation, moderation, and conditional process analysis: A regression-based approach [M]. New York: Guilford Press, 2013.

HEADEY B, MUFFELS R, WOODEN M. Money does not buy happiness: Or does it? A reassessment based on the combined effects of wealth, income and consumption[J]. Social Indicators Research, 2008, 87(1): 65-82.

HELLIWELL J F. How's life? Combining individual and national variables to explain subjective well-being [J]. Economic modelling, 2003, 20(2): 331-360.

HESS J A. Distance Regulation in Personal Relationship: The Development of a

Conceptual Model and a Test of Representational Validity[J]. Journal of Social and Personal Relationship, 2002, 19 (5): 663-683.

HOCH S J, Loewenstein G F. Time-inconsistent preferences and consumer self-control[J]. 1991, 17: 492-507.

HOGENDORN J, JOHNSON M. The shell money of the slave trade[M]. Cambridge: Cambridge University Press, 2003.

HUANG X I, HUANG Z T, WYER R S. Slowing down in the good old days: The effect of nostalgia on consumer patience[J]. Journal of Consumer Research, 2016, 43(3): 372-387.

IMHOFF R, ERB H P. What motivates nonconformity? Uniqueness seeking blocks majority influence[J]. Personality and Social Psychology Bulletin, 2009, 35(3): 309-320.

JOHN O P, NAUMANN L P, SOTO C J. Paradigm shift to the integrative Big Five trait taxonomy: History, measurement, and conceptual issues [J]. Handbook of personality: Theory and research, 2008, 3(2): 114-158.

JOHNSON W, KRUEGER R F. How money buys happiness: genetic and environmental processes linking finances and life satisfaction[J]. Journal of personality and social psychology, 2006, 90(4): 680-691.

JOKELA M, BLEIDORN W, LAMB M E, et al. Geographically varying associations between personality and life satisfaction in the London metropolitan area[J]. Proceedings of the National Academy of Sciences, 2015, 112(3): 725-730.

JONES P E. False consensus in social context: Differential projection and perceived social distance[J]. British Journal of Social Psychology, 2004, 43: 417-429.

KABESH A T. The Egyptian Economic Crisis: Insecurity, Affect, Nostalgia [M]//The Commonalities of Global Crises. Palgrave Macmillan UK, 2016: 323-344.

KAHNEMAN D, KRUEGER A B, SCHKADE D A, et al. Would You Be Happier If You Were Richer? A Focusing Illusion [J]. Science, 2006, 312 (5782): 1908-1910.

KERVYN N, FISKE ST, MALONE C. Brands as intentional agents framework: how perceived intentions and ability can map brand perception [J]. Journal of Consumer Psychology [J]: The official journal of the Society for Consumer Psychology, 2012, 22(2): 166-176.

KIM H C. Situational Materialism: How entering lotteries may undermine self-control [J]. Journal of Consumer Research, 2013, 40(4): 759-772.

KLONTZ B T, BIVENS A, KLONTZ P T, et al. The treatment of disordered money behaviors: Results of an open clinical trial [J]. Psychological Services, 2008, 5(3): 295-308.

KLONTZ B, BRITT S L, MENTZER J, et al. Money beliefs and financial behaviors: Development of the klontz money script inventory [J]. Journal of Financial Therapy, 2011, 2(1): 1-22.

KRAUS M W, PIFF P K, KELTNER D. Social class, sense of control, and social explanation [J]. Journal of personality and social psychology, 2009, 97 (6): 992-1004.

KUŹMIŃSKA A O, VOHS K D, KRÓL G, et al. The effects of single and chronic activation of the concept of money on interpersonal trust [C]. Association for Psychological Science 27th Annual Convention, New York, 2015.

LASALETA J D, SEDIKIDES C, VOHS K D. Nostalgia weakens the desire for money [J]. Journal of Consumer Research, 2014, 41(3): 713-729.

LAU S, LI C S, CHU D. Perceived creativity: its relationship to social status and self-concept among chinese high ability children [J]. Creativity Research Journal, 2004, 16(1): 59-67.

LAUFER D, GILLESPIE K. Differences in consumer attributions of blame between men and women: The role of perceived vulnerability and empathic concern[J]. Psychology & Marketing, 2004, 21(2): 141-157.

LEDGERWOOD A, TROPE Y, CHAIKEN S. Flexibility now, consistency later: Psychological distance and construal shape evaluative responding [J]. Journal of Personality and Social Psychology, 2010, 99(1): 32-51.

LIBERMAN N, POLACK O, HAMEIRI B, et al. Priming of Spatial Distance Enhances Children's Creative Performance[J]. Journal of experimental child psychology, 2012, 111(4): 663-670.

LIU J E, SMEESTERS D, VOHS K D. Reminders of money elicit feelings of threat and reactance in response to social influence[J]. Journal of Consumer Research , 2012, 38 (6): 1030-1046.

LIU J, VOHS K D, SMEESTERS D. Money and mimicry: When being mimicked makes people feel threatened[J]. Psychological Science, 2011, 22(9): 1150-1151.

LIU W, AAKER J. The happiness of giving: The time-ask effect[J]. Journal of consumer research, 2008, 35(3): 543-557.

LOU J E, VOHS K D, SMEESTERS D. Money and mimicry when being mimicked makes people feel threatened[J]. Psychological science, 2011, 22(9): 1150-1151.

LOVELAND K E, SMEESTERS D, MANDEL N. Still preoccupied with 1995: The need to belong and preference for nostalgic products[J]. Journal of Consumer Research, 2010, 37(3): 393-408.

LUO Y L L, LIU Y, CAI H, et al. Nostalgia and Self-Enhancement: Phenotypic and Genetic Approaches[J]. Social Psychological and Personality Science, 2016, 7(8): 857-866.

LUSARDI A. Financial literacy skills for the 21st century: Evidence from PISA [J]. Journal of consumer affairs, 2015, 49(3): 639-659.

LYNN R. The secret of the miracle economy: Different national attitudes to competitiveness and money[M]. Social Affairs Unit, 1991.

MAGEE L. R2 measures based on Wald and likelihood ratio joint significance tests[J]. The American Statistician, 1990, 44(3): 250-253.

MAIO G R, PAKIZEH A, CHEUNG W Y, et al. Changing, priming, and acting on values: Effects via motivational relations in a circular model[J]. Journal of personality and social psychology, 2009, 97(4): 699-715.

MALINOWSKI B. Argonauts of the Western Pacific: An account of native enterprise and adventure in the archipelagoes of Melanesian New Guinea[M]. London: Routledge, 2002.

MARIN A, REIMANN M, CASTAÑO R. Metaphors and creativity: Direct, moderating, and mediating effects[J]. Journal of Consumer Psychology, 2014, 24(2): 290-297.

MARKS G N, Fleming N. Influences and consequences of well-being among Australian young people: 1980-1995[J]. Social indicators research, 1999, 46 (3): 301-323.

MARTINEZ A R. Why a great wave of nostalgia is sweeping through china[EB/OL]. https: // www. newyorker. Com /tech / elements/ why-a-great-wave-of-nostalgia-is-sweeping-through-china, 2013-5-30/2017-11-1.

MARX K, MANDEL E, FOWKES B. Capital: A critique of political economy. Vol. 1[J]. 1976.

MEAD N L, STUPPY A. Two sides of the same coin: money can promote and hinder interpersonal processes[C]//BIJLEVELD E, AARTS H. The psychological science of money. New York: Springer New York, 2014: 243-262.

MEDINA J F, SAEGERT J, GRESHAM A. Comparison of Mexican-American and Anglo-American attitudes toward money [J]. Journal of Consumer Affairs, 1996, 30(1): 124-145.

MIAO L. Guilty pleasure or pleasurable guilt? Affective experience of impulse buying in hedonic-driven consumption[J]. Journal of Hospitality & Tourism

Research, 2011, 35(1): 79-101.

MISCHEL W, AYDUK O. Willpower in a cognitive-affective processing system: The dynamics of delay of gratification[J]. 2004, 8: 99-129.

MOGILNER C, AAKER J. "The time vs. money effect": Shifting product attitudes and decisions through personal connection[J]. Journal of Consumer Research, 2009, 36(2): 277-291.

MOGILNER C. The pursuit of happiness: time, money, and social connection [J]. Psychological Science, 2010, 21(9): 1348-1354.

MOHAN G, SIVAKUMARAN B, SHARMA P. Impact of store environment on impulse buying behavior[J]. European Journal of Marketing, 2013, 47 (10): 1711-1732.

MOK A, CREMER D D. The bonding effect of money in the workplace: priming money weakens the negative relationship between ostracism and prosocial behaviour[J]. European Journal of Work & Organizational Psychology, 2015, 25(2): 1-15.

MOK A, CREMER D D. Too Tired to Focus on Others? Reminders of Money Promote Considerate Responses in the Face of Depletion[J]. Journal of Business & Psychology, 2017, 32(2): 1-17.

MOORE D A, SMALL D A. Error and bias in comparative judgment: on being both better and worse than we think we are[J]. Journal of personality and social psychology, 2007, 92(6): 972-989.

MOREAU C P, DAHL D W. Designing the Solution: The Impact of Constraints on Consumers' Creativity[J]. Journal of Consumer Research, 2005, 32 (1): 13-22.

MUEHLING D D, SPROTT D E, SULTAN A J. Exploring the boundaries of nostalgic advertising effects: A consideration of childhood brand exposure and attachment on consumers' responses to nostalgia-themed advertisements[J]. Journal of Advertising, 2014, 43(1): 73-84.

MURAVEN M B. Mechanism of self-control failure: Motivation and limited resources. [J]. Personality & Social Psychology Bulletin, 2003, 29 (7): 894-906.

MURAVEN M, SLESSAREVA E. Mechanisms of self-control failure: Motivation and limited resources [J]. Personality and Social Psychology Bulletin, 2003, 29(7): 894-906.

MUSCANELL N L, GUADAGNO R E. Make new friends or keep the old: Gender and personality differences in social networking use[J]. Computers in Human Behavior, 2012, 28(1): 107-112.

MURUGANANTHAM G, BHAKAT R S. A review of impulse buying behavior [J]. International Journal of Marketing Studies, 2013, 5(3): 149-160.

NIEMINEN P, LEHTINIEMI H, VÄHÄKANGAS K, et al. Standardised regression coefficient as an effect size index in summarising findings in epidemiological studies[J]. Epidemiology, Biostatistics and Public Health, 2013, 10 (4): 1-15.

NIESS J, DIEFENBACH S. Communication styles of interactive tools for self-improvement[J]. Psychology of Well-Being, 2016, 6(1): 1-15.

NKUNDABANYANGA S K, OMAGOR C, MPAMIZO B, et al. The love of money, pressure to perform and unethical marketing behavior in the cosmetic industry in Uganda[J]. International Journal of Marketing Studies, 2011, 3 (4): 40-49.

NOLEN-HOEKSEMA S, ALDAO A. Gender and age differences in emotion regulation strategies and their relationship to depressive symptoms [J]. Personality and Individual Differences, 2011, 51(6): 704-708.

OLSEN S O, TUDORAN A A, HONKANEN P, et al. Differences and similarities between impulse buying and variety seeking: A personality-based perspective[J]. Psychology & Marketing, 2016, 33(1): 36-47.

PAVIA T M, MASON M J. Vulnerability and Physical, Cognitive, and

Behavioral Impairment Model Extensions and Open Questions[J]. Journal of Macromarketing, 2014, 34(4): 471-485.

POWDTHAVEE N. How much does money really matter? Estimating the causal effects of income on happiness[J]. Empirical economics, 2010, 39(1): 77-92.

PRICE R H, CHOI J N, VINOKUR A D. Links in the chain of adversity following job loss: how financial strain and loss of personal control lead to depression, impaired functioning, and poor health[J]. Journal of occupational health psychology, 2002, 7(4): 302-312.

QUIGGIN A H. A survey of primitive money: The beginnings of currency[M]. Routledge, 2017.

Quoidbach J, Dunn E W, Petrides K V, et al. Money Giveth, Money Taketh Away The Dual Effect of Wealth on Happiness[J]. Psychological Science, 2010, 21(6): 759-763.

ROBERTS J A, JONES E. Money attitudes, credit card use, and compulsive buying among American college students[J]. Journal of consumer affairs, 2001, 35(2): 213-240.

ROOK D W, FISHER R J. Normative influences on impulsive buying behavior [J]. Journal of consumer research, 1995, 22(3): 305-313

ROOK D W. The buying impulse[J]. The Journal of Consumer Research, 1987, 14(2): 189-199.

ROUTLEDGE C, ARNDT J, WILDSCHUT T, et al. The past makes the present meaningful: nostalgia as an existential resource[J]. Journal of personality and social psychology, 2011, 101(3): 638-652.

RUBINI M, KRUGLANSKI A W. Brief encounters ending in estrangement: Motivated language use and interpersonal rapport in the question-answer paradigm[J]. Journal of Personality and Social Psychology, 1997, 72: 1047-1060.

RUCKER D D, GALINSKY A D, DUBOIS D. Power and consumer behavior: How power shapes who and what consumers value[J]. Journal of Consumer Psychology, 2012, 22(3): 352-368.

SANTINI F D O, LADEIRA W J, VIEIRA V A, et al. Antecedents and consequences of impulse buying: a meta-analytic study[J]. RAUSP management Journal, 2019, 54: 178-204.

ȘAUL M. Money in colonial transition: cowries and francs in West Africa[J]. American anthropologist, 2004, 106(1): 71-84.

SCHLOSSER A E. The effect of computer-mediated communication on conformity vs. nonconformity: An impression management perspective [J]. Journal of Consumer Psychology, 2009, 19: 374-388.

SCHOEN J L. Effects of implicit achievement motivation, expected evaluations, and domain knowledge on creative performance [J]. Journal of Organizational Behavior, 2015, 36(3): 319-338.

SCHULER J, WÄNKE M. A fresh look on money priming feeling privileged or not makes a difference[J]. Social Psychological and Personality Science, 2016, 7(4): 366-373.

SCHYNS P. Crossnational differences in happiness: Economic and cultural factors explored[J]. Social Indicators Research, 1998, 43(1): 3-26.

SEDIKIDES C, SKOWRONSKI J J. Social cognition and self-cognition: two sides of the same evolutionary coin? [J]. European Journal of Social Psychology, 2009, 39(7): 1245-1249.

SHARMA E, ALTER A L. Financial Deprivation Prompts Consumers to Seek Scarce Goods[J]. Journal of Consumer Research, 2012, 39(3): 545-560.

SHIMIZU M, NIIYA Y, SHIGEMASU E. Achievement goals and improvement following failure: moderating roles of self-compassion and contingency of self-worth[J]. Self and Identity, 2016, 15(1): 107-115.

SLEPLAN M L, WISBUCH M, RUTCHICK A M, et al. Shedding Light on Insight: Priming Bright Ideas[J]. Journal of experimental social psychology, 2010, 46(4): 696-700.

SMITH N C, COOPER-MARTIN E. Ethics and target marketing: The role of product harm and consumer vulnerability[J]. The Journal of Marketing, 1997, 61(3): 1-20.

SNEATH J Z, LACEY R, KENNETT-HENSEL P A. Coping with a natural disaster: Losses, emotions, and impulsive and compulsive buying[J]. Marketing Letters, 2009, 20(1): 45-60.

SNYDER C R, FROMKIN H L. Abnormality as a positive characteristic: The development and validation of a scale measuring need for uniqueness[J]. Journal of Abnormal Psychology, 1977, 86: 518-527.

SONG T M, AN J Y, HAYMAN L L, et al. Stress, depression, and lifestyle behaviors in Korean adults: A latent means and multi-group analysis on the Korea health panel data[J]. Behavioral Medicine, 2016, 42(2): 72-81.

STENSTROM E P, DINSMORE J B, KUNSTMAN J W, et al. The effects of money exposure on testosterone and risk-taking, and the moderating role of narcissism[J]. Personality and Individual Differences, 2018, 123(3): 110-114.

STEPHAN E, LIBERMAN N, TROPE Y. Politeness and social distance: A construal level perspective[J]. Journal of Personality and Social Psychology, 2010, 98: 268-280.

STEPHAN E, SEDIKIDES C, WILDSCHUT T, et al. Nostalgia-evoked inspiration: Mediating mechanisms and motivational implications[J]. Personality and Social Psychology Bulletin, 2015, 41(10): 1395-1410.

STRAUSS A L. The development and transformation of monetary meanings in the child[J]. American Sociological Review, 1952, 17(3): 275-286.

SUDDENDORF T, CORBALLIS M C. Mental time travel and the evolution of the human mind[J]. Genetic Social and General Psychology Monographs,

1997, 123(2): 133-167.

SUDDENDORF T, CORBALLIS M C. The evolution of foresight: What is mental time travel, and is it unique to humans? [J]. Behavioral & Brain Sciences, 2007, 30(3): 299-313.

SWIFT K. Financial success and the good life: what have we learned from empirical studies in Psychology? [J]. Journal of business ethics, 2007, 75(2): 191-199.

TANEY S, FREDERIKSEN M H. Generative innovation practices, customer creativity, and the adoption of new technology products[J]. Technology Innovation Management Review, 2014, 4(2): 5-10.

TANG T L P, CHIU R K. Income, money ethic, pay satisfaction, commitment, and unethical behavior: Is the love of money the root of evil for Hong Kong employees? [J]. Journal of business ethics, 2003, 46(1): 13-30.

TANG T L P, SUTARSO T. Falling or not falling into temptation? Multiple faces of temptation, monetary intelligence, and unethical intentions across gender [J]. Journal of Business Ethics, 2013, 116(3): 529-552.

TANG T L P, TANG D S H, LUNA-AROCAS R. Money profiles: The love of money, attitudes, and needs[J]. Personnel review, 2005, 34(5): 603-618.

TANG T L P. Income and quality of life: Does the love of money make a difference? [J]. Journal of Business Ethics, 2007, 72(4): 375-393.

Tang T L P. The development of a short money ethic scale: Attitudes toward money and pay satisfaction revisited[J]. Personality and individual differences, 1995, 19(6): 809-816.

TANG T L P. The meaning of money revisited[J]. Journal of Organizational Behavior, 1992, 13(2): 197-202.

TIERNEY P, FARMER S M. Creative self-efficacy development and creative performance over time [J]. Journal of Applied Psychology, 2011, 96 (2): 277-293.

TIERNEY P, FARMER S M. Creative self-efficacy: its potential antecedents and relationship to creative performance[J]. Academy of Management Journal, 2002, 45(6): 1137-1148.

TONG L Q, ZHENG Y H, ZHAO P. Is money really the root of all evil? The impact of priming money on consumer choice[J]. Marketing Letters, 2013, 24 (2): 119-129.

TROPE Y, LIBERMAN N, WAKSLAK C. Construal levels and psychological distance: Effects on representation, prediction, evaluation, and behavior [J]. Journal of consumer psychology: the official journal of the Society for Consumer Psychology, 2007, 17(2): 83-95.

TROPE Y, LIBERMAN N. Construal-level theory of psychological distance[J]. Psychological review, 2010, 117(2): 440-463.

VALLACHER R R, WEGNER D M. Levels of personal agency: Individual variation in action identification [J]. Journal of Personality and Social Psychology, 1989, 57(4): 660-671.

VERPLANKEN B, HERABADI A. Individual differences in impulse buying tendency: Feeling and no thinking[J]. European Journal of personality, 2001, 15(S1): S71-S83.

VOHS K D, BAUMEISTER R F. What's the use of happiness? It can't buy you money[J]. Journal of Consumer Psychology, 2011, 21(2): 139-141.

VOHS K D, FABER R J. Spent resources: Self-regulatory resource availability affects impulse buying[J]. Journal of Consumer Research, 2007, 33(4): 537-547.

VOHS K D, MEAD N L, GOODE M R. Merely activating the concept of money changes personal and interpersonal behavior[J]. Current Directions in Psychological Science, 2008, 17(3): 208-212.

VOHS K D, MEAD N L, GOODE M R. The psychological consequences of money[J]. Science, 2006, 314(5802): 1154-1156.

VOHS K D, NICOLE L M, MIRANDA R G. Merely activating the concept of money changes personal and interpersonal behavior[J]. Current Directions in Psychological Science , 2008, 17(3): 208-212.

VOHS K D. Money priming can change people's thoughts, feelings, motivations, and behaviors: An update on 10 years of experiments. [J]. Journal of Experimental Psychology General, 2015, 144(4): 86-93.

VON STUMM S, O'CREEVY M F, FURNHAM A. Financial capability, money attitudes and socioeconomic status: Risks for experiencing adverse financial events[J]. Personality and Individual Differences, 2013, 54(3): 344-349.

WAN E W, RUCKER D D. Confidence and construal framing: when confidence increases versus decreases information processing[J]. Journal of Consumer Research, 2013, 39(5): 977-992.

WANG L, MURNIGHAN J K. Money, emotions, and ethics across individuals and countries[J]. Journal of Business Ethics, 2014, 125(1): 163-176.

WATSON D, CLARK L A, Tellegen A. Development and Validation of Brief Measures of Positive and Naffect: the PANAS[J]. Journal of personality and social psychology, 1988, 54(6): 1063-1070.

WEBER, M. Economy and society [M]. CA: University of California Press, 1978.

WIDIANI N P, PUTRI A M A D, SARI M M R, et al. The effect of love of money and emotional intelligence on employee performance with organizational citizenship behavior as mediating variable [J]. International Research Journal of Engineering, IT and Scientific Research, 2019, 5(1): 39-49.

WILDSCHUT T, SEDIKIDES C, ARNDT J, et al. Nostalgia: content, triggers, functions[J]. Journal of personality and social psychology, 2006, 91(5): 975-993.

ROHE W M, STEGMAN M A. The effects of home ownership: On the self-esteem, perceived control and life satisfaction of low-income people [J].

Journal of the American Planning Association, 1994, 60(2): 173-184.

WOOD M. Socio-economic status, delay of gratification, and impulse buying[J]. Journal of economic psychology, 1998, 19(3): 295-320.

ZACHOPOULOU E, MAKRI A, POLLATOU E. Evaluation of children's creativity: psychometric properties of torrance's 'thinking creatively in action and movement' test[J]. Early Child Development and Care, 2009, 179(3): 317-328.

ZHAO X, LYNCH J G, CHEN Q. Reconsidering Baron and Kenny: Myths and truths about mediation analysis[J]. Journal of consumer research, 2010, 37 (2): 197-206.

ZHOU L, WANG T, ZHANG Q, et al. Consumer insecurity and preference for nostalgic products: Evidence from China[J]. Journal of Business Research, 2013, 66(12): 2406-2411.

ZHOU X, VOHS K D, BAUMEISTER R F. The symbolic power of money reminders of money alter social distress and physical pain[J]. Psychological Science, 2009, 20(6): 700-706.

ZNOJ H. Hot money and war debts: Transactional regimes in Southwestern Sumatra [J]. Comparative Studies in Society and History, 1998, 40(2): 193-222.

本力. 货币的道德起源及其未来[N]. 21 世纪经济报道, 2019-06-24(12).

毕圣, 庞隽, 吕一林. 压力对怀旧偏好的影响机制[J]. 营销科学学报, 2016, 12(1): 38-50.

蔡诗瑶. 不同形式金钱概念启动对状态性控制感影响的研究[D]. 西安: 陕西师范大学, 2017.

常亚平, 朱东红, 李荣华. 感知产品创新对冲动购买的作用机制研究[J]. 科研管理, 2012, 33(3): 18-35

陈欢, 毕圣, 庞隽. 权力感知对怀旧偏好的影响机制[J]. 心理学报, 2016, 48(12): 1589-1599.

陈辉辉, 郑毓煌, 范筱萌. 混乱有益? 混乱的物理环境对创造力的影响[J].

营销科学学报，2013，9（4）：90-100.

陈睿，黄丕兰，李鹏，等. 金钱奖赏线索对考试焦虑个体注意偏向的影响
[J]. 应用心理学，2020，26（4）：376-384.

杜林致，陈雨欣，齐红梅. 金钱对幸福感的影响边界及其机制[J]. 湖南大学
学报（社会科学版），2020，34（1）：127-135.

杜林致，韩威，刘鹤妍. 大学生金钱心理特征与不道德工作行为可能性关系
研究[J]. 西南民族大学学报（人文社会科学版），2012，33（11）：80-84.

杜林致，乐国安. 公务员金钱心理特征与不道德工作行为关系实证研究[J].
西北师大学报（社会科学版），2010，47（1）：90-94.

杜林致，乐国安. 国外金钱心理研究综述[J]. 西北师大学报（社会科学版），
2002（2）：61-65.

杜林致，乐国安. 金钱心理和金钱行为关系研究[J]. 心理研究，2009，2
（1）：48-53.

杜林致，许旭升，Thomas Li-Ping Tang. 员工金钱心理特征及其与工作压力
感关系研究[J]. 河海大学学报（哲学社会科学版），2004（2）：65-69.

杜林致. 金钱心理与不道德工作行为：管理人员和大学生比较研究[J]. 西
北师大学报（社会科学版），2007（1）：95-102.

杜林致. 金钱心理与不道德行为关系：以物质主义价值观为中介[J]. 兰州
学刊，2018（12）：169-178.

杜秀芳，刘娜娜. 金钱刺激和决策者角色对个体道德决策的影响——基于过
程分离范式[J]. 心理科学，2018，41（3）：667-673.

方建国. 商品与信用：货币本质二重性的历史变迁[J]. 社会科学战线，2020
（2）：49-57.

郭国庆，陈炜. 金钱线索对消费决策质量的影响机制[J]. 中国科技论坛，
2015（4）：124-129.

韩德昌，王艳芝. 心理模拟：一种有效预防冲动购买行为的方法[J]. 南开管
理评论，2012（1）：142-150.

侯清峰，于洪彦，梁剑平. 金钱与时间线索对品牌依恋的影响及其机制研究

［J］. 管理学报，2018，15（11）：1705-1712.

李爱梅，罗莹，李斌."金钱启动"让人理性还是非理性？——金钱启动与消费者行为决策［J］. 外国经济与管理，2016，38（6）：100-112.

李爱梅，彭元，李斌，等. 金钱概念启动对亲社会行为的影响及其决策机制［J］. 心理科学进展，2014，22（5）：845-856.

李琦，刘爱萍，罗劲. 金钱镇痛理论述评［J］. 心理科学进展，2010，18（8）：1283-1289.

罗倩雯. 金钱心理与金钱启动对助人行为的影响［D］. 长沙：湖南师范大学，2018.

马玫暄. 金钱概念对风险决策偏好的影响：不确定性容忍度的调节作用［D］. 兰州：西北师范大学，2019.

莫田甜，周欣悦. 金钱的社会资源理论：十年回顾与展望［J］. 应用心理学，2020，26（1）：3-14.

彭小辉，王坤沂. 消费者社会化、金钱态度与互联网消费信贷行为［J］. 统计与信息论坛，2019，34（5）：110-118.

谭钢，靖东俊，程文娟，等. 金钱刺激下大学生说谎行为的 ERP 研究［J］. 西南大学学报（自然科学版），2013，35（12）：111-117.

王霞，于春玲，刘成斌. 时间间隔与未来事件效价：解释水平的中介作用［J］. 心理学报，2012，44（6）：807-817.

王紫薇，涂平. 社会排斥情境下自我关注变化的性别差异［J］. 心理学报，2014，46（11）：1782-1792.

韦庆旺，李木子，陈晓晨. 社会阶层与社会知觉：热情和能力哪个更重要？［J］. 心理学报，2018，50（2）：243-252.

吴先琦. 金钱概念启动对志愿行为的影响研究［D］. 重庆：西南大学，2013.

谢天，周静，俞国良. 金钱启动研究的理论与方法［J］. 心理科学进展，2012，20（6）：918-925.

熊素红，景奉杰. 自我建构对群体购买环境中冲动性购买行为的影响［J］. 情报杂志，2009（11）：198-202.

徐安琪. 家庭幸福：金钱愈加重要了吗———一项关于家庭幸福观的经验研究[J]. 社会科学研究，2011（1）：95-103.

徐四华，方卓，饶恒毅. 真实和虚拟金钱奖赏影响风险决策行为[J]. 心理学报，2013，45（8）：874-886.

徐希铮，张景焕，刘桂荣，等. 奖励对创造力的影响及其机制[J]. 心理科学进展，2012，20（9）：1419-1425.

徐晓雷. 不同金钱心理类型大学生对金钱的注意偏向研究[D]. 重庆：西南大学，2014.

杨超，袁方舟，陈红. 金钱崇拜对个体跨期决策偏好的影响[J]. 心理学探新，2018，38（4）：315-318.

杨东，李志爱，余明莉，CODY DING，等. 金钱启动对疼痛共情影响的 ERP 研究[J]. 心理学探新，2015，35（2）：140-146.

杨子鹿. 金钱启动下助人行为的心理机制：自我相关性与共情的作用[D]. 长沙：湖南师范大学，2017.

张永强，中国商业银行汽车消费信贷发展研究[D]. 武汉：武汉大学，2013.

张勇，龙立荣. 绩效薪酬对雇员创造力的影响，人—工作匹配和创造力自我效能的作用[J]. 心理学报，2013，45（3）：363-376.

张正林，庄贵军. 基于社会影响和面子视角的冲动购买研究[J]. 管理科学，2009，21（6）：66-72.

章璇，景奉杰. 网购商品的类型对在线冲动性购买行为的影响[J]. 管理科学，2012，25（3）：69-77.

赵占波，涂荣庭，张永军. 享受性与功能性双维结构的验证和探讨[J]. 管理评论，2009（9）：23-28.

周浩，龙立荣. 工作不安全感，创造力自我效能对员工创造力的影响[J]. 心理学报，2011，43（8）：929-940.

周寂沫. 论商品货币的历史作用及局限[J]. 沈阳师范大学学报（社会科学版），2007（1）：66-70.

周洛华. 货币起源[M]. 上海：上海财经大学出版社，2019.